国家自然科学基金资助项目（51678374）
辽宁省科技厅资助项目（20180550696）
辽宁省教育厅资助项目（LJZ2017028）

轻型码头
结构荷载标准与可靠度分析

Research on Load Standard and Reliability of Light Wharf Structures

王建超　侯　微　周静海　著

中国建筑工业出版社

图书在版编目（CIP）数据

轻型码头结构荷载标准与可靠度分析/王建超，侯微，周静海 著. —北京：中国建筑工业出版社，2019.3
ISBN 978-7-112-23178-2

Ⅰ. ①轻…　Ⅱ. ①王…②侯…③周…　Ⅲ. ①码头工程-工程结构-荷载-标准-研究②码头工程-工程结构-结构可靠性-分析　Ⅳ.①U656.1

中国版本图书馆 CIP 数据核字（2019）第 010897 号

本文系统的论述了结构可靠度理论在现代轻型码头中的应用，内容包括：轻型码头结构系缆力的力学模型；轻型码头结构系缆力、波浪荷载、海流荷载、船舶撞击力统计分析模型；钢管混凝土芯柱嵌岩桩承载力统计分析模型；轻型码头结构静力可靠度分析；轻型码头结构疲劳可靠性分析。

本书可供土木工程、水利工程、港口工程等领域的工程师、科学技术人员及高等院校师生参考。

责任编辑：杨　杰
责任设计：李志立
责任校对：姜小莲

轻型码头结构荷载标准与可靠度分析

王建超　侯　微　周静海　著

*

中国建筑工业出版社出版、发行（北京海淀三里河路 9 号）
各地新华书店、建筑书店经销
霸州市顺浩图文科技发展有限公司制版
北京圣夫亚美印刷有限公司印刷

*

开本：787×960 毫米　1/16　印张：8¾　字数：174 千字
2019 年 3 月第一版　2019 年 3 月第一次印刷
定价：89.00 元
ISBN 978-7-112-23178-2
（33243）

前　言

近年来，我国港口工程建设取得了突飞猛进的发展，东部沿海地区修建了一批大型码头结构，促进了我国与世界各国的贸易往来。但随着我国经济水平的迅速提升，国家对石油、矿石等能源的需求也越来越大，已建港口通过能力仍显不足，需要进一步加大港口工程建设。然而近年的发展，已使建港条件较好的岸线基本开发殆尽，今后码头建设只能向深海区发展。当水深增加时，传统浅海码头结构形式的不足与缺陷凸显，主要是风、波浪和海流荷载加大，需要研究新型码头结构形式。在此背景下，国家 863 计划支持了"离岸深水港岩基浅埋轻型码头结构建造技术研究"课题。本书是该课题研究内容的一部分，目的是针对课题组提出的钢管焊接刚架轻型码头结构，研究以概率为基础的极限状态设计方法，以与我国《港口工程结构可靠度设计统一标准》的要求相适应。

结构可靠度为结构在规定的时间内和规定的条件下完成预定功能的概率。结构可靠性理论的研究起源于对结构设计、施工和使用过程中存在的不确定性的认识，以及结构设计风险决策理论中计算结构失效概率的需要。早期的可靠度计算方法是只考虑随机变量平均值和标准差的所谓"二阶矩模式"，结构可靠度用可靠指标表示。二阶矩模式的特点是形式简单，当功能函数中的随机变量服从正态分布时，可以很方便地利用正态概率分布函数计算结构的可靠概率。但多数情况下随机变量并不服从正态分布，因此这时的可靠指标只是可靠度的一个比较含糊的代用指标。对非线性功能函数，则在随机变量平均值处，通过泰勒级数展开的方法，将其近似为线性函数，再求平均值和标准差，这就是现在所称的"中心点法"。为解决"中心点法"计算可靠指标时存在的不唯一问题，1974 年 Hasofer 和 Lind 从几何上对可靠指标进行了定义，将可靠指标定义为标准正态空间内，坐标原点到极限状态曲面的最短距离。当随机变量不服从正态分布时，通过数学变换的方法来解决。国际上常用的数学变换方法有两种，一是将非正态随机变量按等概率原则映射为标准正态随机变量；另一种是按当量正态化条件，将非正态随机变量当量为正态随机变量。为与"中心点法"相区别，一般将同时求验算点的可靠度分析方法称为"验算点法"。

从可靠度理论出发，本书系统的论述了轻型码头结构荷载与抗力的统计分析方法，主要研究内容如下：（1）考虑轻型码头结构受力后会产生一定的变形，根据能量守恒原理建立了系缆力的力学模型，以确定与按传统计算方法（不考虑码头变形）相比计算结果的偏差，并以此为基础，估计系缆力计算模式的均值系数

3

和变异系数。（2）根据已有的统计资料，对轻型码头结构所遭受的波浪荷载和海流荷载进行了统计分析，给出波浪荷载和海流荷载的均值系数和变异系数，采用Monte-Carlo方法研究了波浪荷载的概率分布类型。（3）考虑船体、靠船墩弹性变形和护舷非线性变形，对轻型码头结构遭受的撞击力进行了统计分析。用beta分布与正态分布的组合描述了撞击力的双峰概率密度函数，用最大似然法估计撞击力概率密度函数的参数，进而给出设计基准期内船舶撞击力的均值系数、变异系数和概率分布模型。（4）对钢管混凝土芯柱嵌岩桩的承载力进行了统计分析，给出芯柱嵌岩桩抗力的均值系数和变异系数。（5）根据荷载和抗力的统计结果，分别按照《中国海洋石油天然气行业标准》和《港口工程钢结构设计规范》的设计表达式和分项系数，计算了轻型码头结构在不同荷载组合下的可靠指标。分析表明，按《中国海洋石油天然气行业标准》的荷载标准和材料分项系数设计的轻型码头结构，可靠指标总体上偏低；按我国现行港口工程结构规定的荷载标准和材料分项系数设计的轻型码头结构，可靠指标总体上满足港口工程可靠度统一标准的要求。（6）采用随机过程理论，计算了靠船墩结构在波浪作用下的疲劳可靠指标。

本书的研究工作，先后得到了国家自然科学基金资助项目（51678374）、辽宁省科技厅资助项目（20180550696），辽宁省教育厅资助项目（LJZ2017028）等的资助。

本书在书写的过程中虽经过多次易稿，但由于知识储备有限，仍然存在不尽如人意的地方，还请广大读者批评指正。

作者简介：王建超（1981—　），男，沈阳建筑大学土木工程学院副教授，研究方向：结构可靠度、再生混凝土、轻钢结构、损伤力学。

目　　录

1 绪 论

1.1 研究背景和意义

近年来，我国港口工程建设取得了突飞猛进的发展，在东部沿海地区修建了一批大型码头结构，极大地促进了我国与世界各国的贸易往来。但随着我国经济发展水平的迅速提升，对国外能源的需求也越来越大，特别是石油等一次性能源和铁矿石等金属矿更是如此。这类大宗货物的海上远距离运输，采用超大型船舶具有非常明显的经济效益。而大型、超大型船舶的不断发展，建港条件好的岸线逐渐减少，不可避免地使码头建设向着自然条件相对恶劣的外海深水区发展。如果仍然采用传统的重力式和桩基式码头结构形式，将会遇到各种困难，如重力式结构面临断面庞大、投资巨大、施工困难和难以保证质量等问题；桩基结构则受施工期难以稳桩、使用期桩基受力难以满足要求、后期维护费用高等制约。尽管近年我国港口工程界广大科技、设计、管理和施工人员经过不懈努力，我国大型开敞式码头工程建设取得了丰硕的成果，但与发达国家相比，我国在结构形式、设计方法等方面仍存在一定的差距[1-4]。

我国福建、山东、辽宁沿海及宁波、舟山地区是国内、国际运输的重要枢纽，承担原油、矿石、集装箱等的运输，关系国家经济命脉和战略安全。这些地区基本属岩基浅埋型的海岸，为了加快我国深水码头的建设，开发、研制适应于离岸深水岩基浅埋条件的新型码头结构十分迫切。在此背景下，国家 863 计划现代交通技术领域 2007 年度目标导向类课题支持了"离岸深水港岩基浅埋轻型码头结构建造技术研究"课题。课题启动后，课题组提出了图 1.1 形式的轻型码头结构，即码头由钢管焊接的桁架组成，四角焊接导管，运往码头现场安装后，在导管内打入钢管桩，再向导管内浇注特殊配置的砂浆，使桩和导管连接成整体。这种结构的特点是将桩插入导管即可施打，即便于定位，结构稳定性又好，承载力大，抗波浪和船舶撞击的能力强，非常适合外海浪大的地区；由于采用预制构件，因此外海施工期短，施工质量也有保证。

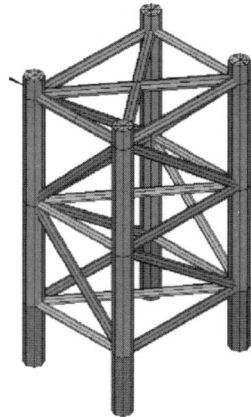

图 1.1 轻型码头结构

尽管本项目采用的轻型码头结构减小了波浪和海流的作用，但由于建在外海深水区，随着水深的增加，环境荷载不同于传统的结构，较为复杂，需要确定这些荷载的设计标准，研究这些荷载的组合。我国港口工程领域自1998年开始完成了结构由安全系数设计法向以概率为基础的分项系数法的转轨工作，使港口结构的设计建立在一个统一的设计体系上，保证了结构可靠性的一致，所以轻型码头结构的荷载标准和设计方法也应建立在可靠性理论的基础上，这是本书研究的主要目的。

1.2 开敞式大型码头结构的研究现状

1.2.1 国外现状

国外大型开敞式桩基码头结构主要有单一结构和复合结构两种形式[5-8]。单一结构主要包括全直桩码头结构、导管架结构和一般斜桩结构。

（1）全直桩码头结构。全直桩码头结构又分为柔性结构和半柔性结构。柔性结构桩群上部采用特殊连接，这种连接保持各桩均匀承受水平力而顶部不承受弯矩。此种结构的典型代表为柔性靠船墩结构。半柔性结构桩群上部采用刚性连接，桩顶部承受弯矩，这种结构形式结构简单、施工容易，还能利用钢管桩自身的弹性吸收能量，随着防冲设备吸能量的不断增加，提高了结构的安全性，增加了其适用范围。该结构形式多在深水或外海码头靠船墩中采用。目前这种结构形式在欧美、中东及日本得到广泛应用，典型实例如表1.1所示。

国外全直桩码头结构典型实例　　　　　　　　表 1.1

编号	码头名称	吨级($\times 10^4$t)	水深(m)	桩径(mm)	竣工时间	备注
1	美国马里兰矿石码头	18	15.8	914	1971	排架结构
2	法国昂蒂费尔原油码头	50	29.0	2300	1976	2个靠船墩
3	美国长滩原油码头	27	23.2	1370	—	4个靠船墩
4	日本喜入石油基地原油码头	50	28	2300	1972	4个靠船墩
5	巴基斯坦卡拉成品油码头	7.5	14.9	2100	1994	2个靠船墩

（2）导管架结构。导管架结构为一个钢管焊接的塔架，其主体结构为四周直立套管，在岸上预制好后运到现场就位，通过套管打入钢管桩，将其固定在海底，最后在套管内灌注混凝土，将套管与桩连接成整体。该结构具有整体性好、承载力大、抗风浪性能好、便于施工的特点。导管架在日本等国家应用较多，典型实例见表1.2。

国外轻型码头结构典型实例　　　　　　表 1.2

编号	码头名称	吨级(×10⁴t)	桩径(mm)	水深(m)	竣工时间	备注
1	日本苫小牧原油码头	28	1200	25.0	1973	两个靠船墩
2	伊朗哈格岛原油码头	50	1400	33.0	1972	两个靠船墩
3	阿拉斯加原油码头	15	3353	18.3	—	嵌岩桩
4	日本志不志原油码头	26	1200	26.0	1982	两个靠船墩

（3）一般斜桩结构。斜桩结构一般适用于海底覆盖层适中，用打桩船即可沉桩的地质条件，常见于泊位 $25×10^4$ 吨级以下码头。在国外大型开敞式桩基码头结构中，非嵌岩桩和嵌岩桩均常见。

复合结构主要包括桩基-重力式复合结构和重力式-桩基复合结构。

（1）桩基-重力式复合结构：这种结构形式在国外大型开敞式码头中得到广泛应用，如英国石油公司设计的一座位于达斯堡阿布·达比的油码头，即通过放置在海底的钢筋混凝土导板，把桩架立起来，然后钻空至设计深度，并浇筑混凝土砂浆。南斯拉夫马丁斯西加湾浮式码头靠船墩采用了复合结构，该种结构介于重力式结构与桩基结构之间，可充分发挥各自的优点，是一种很有发展前途的新型结构。

（2）重力式-桩基复合结构，这种结构形式在国外大型开敞式码头中亦得到应用，如澳大利亚 $13.5×10^4$ 吨级出口煤码头，1976 年建成。码头工作平台兼靠船墩由 3 个 $46m×38m×8m$ 大沉箱组成，每个大沉箱四角设置 $1.2m×1.2m×1.8m$ 立柱；系船墩均为独立小沉箱。

国外 $25×10^4$ 吨级以上码头很少采用重力式结构。

1.2.2　国内现状

在国内，大型开敞式桩基码头主要有桩基码头和复合结构两种形式，国内近几年修建的典型开敞式大型码头如表 1.3 所示[9-13]。

国内已建成的开敞式码头　　　　　　表 1.3

编号	码头名称	吨级(10⁴t)	水深(m)	结构形式	竣工时间	备注
1	宁波大榭岛原油码头	25	20.5	斜桩墩式结构，Φ1200 钢管桩和大管桩	2002	
2	大连 30 万 t 级原油码头	30	25.5	沉箱墩式	2005	
3	大连矿石码头	30	23.5	沉箱墩式	2005	沉箱带消浪孔结构

3

续表

编号	码头名称	吨级 (10⁴t)	水深 (m)	结构形式	竣工时间	备注
4	上海洋山港一期工程	10	15.5	斜桩排架结构,Φ1200钢管桩	2005	部分采用人造稳桩土层
5	唐山曹妃店矿石码头	30	25.5	斜桩排架结构,Φ1200钢管桩	2006	2个泊位
6	大连矿石水转水泊位	10	18.6	沉箱重力墩式	2007	
7	青岛黄岛原油码头三期工程	30	27.0	高桩墩式结构,沉箱重力墩结构	2007	兼靠45万t船
8	上海洋山港二期工程	10	15.5	斜桩排架结构,Φ1200钢管桩	2006	4个集装箱泊位,吹填造陆
9	上海港罗泾二期	20	15.0	高桩排架结构	2007	2个泊位,减载
10	舟山马迹山矿石码头	25	26	斜桩排架结构,Φ1500钢管桩;5万吨级部分采用Φ1800钢管桩嵌岩结构	2007	岛屿建港
11	广州南沙二期工程	10	17.5	沉箱重力式	2006	6个集装箱泊位,吹填造陆

桩基码头结构包括:①一般斜桩结构。国内应用最广泛、最成熟的结构形式之一。大管桩斜度主要受施工时期受力限制,一般陡于4.5:1;钢管桩斜度主要受打桩船性能限制,一般陡于3.5:1。②全直桩码头结构。近年国内港口工程界对全直桩码头结构形式有了新的认识,基本不再认为该结构只适应于中小型码头。该种结构形式简单,施工容易,还能利用钢管桩自身的弹性变形吸收能量。全直桩码头结构国内采用的较少,在20×10^4t以上码头中还没有先例。

复合结构包括:①桩基-重力式复合结构。该结构实质上为桩基结构,有两种形式:一是桩基-混凝土块体复合结构;二是桩基-人造土层复合结构。所谓桩基-重力式复合结构即在泥面上设混凝土块体,桩穿过块体嵌入地基中。混凝土块体有两个作用,其一,施工期间稳定桩;其二,使用期间参与受力。所谓人造土层是采用中粗砂或碎石做成人工基础。②重力式-桩基复合结构。该结构实质上为重力式结构,一般下部结构为矮混凝土块体,上部为桩加梁板的透空结构。桩基-混凝土块体复合结构国内尚未采用。桩基-人造土层复合结构中人造土层主要在施工时期起稳定桩作用,使用时期基本不参与受力,严格来说,还不能算是桩基-重力复合结构。

1.3 可靠度理论的研究现状

1.3.1 可靠度计算方法的研究现状

结构可靠度为结构在规定的时间内和规定的条件下完成预定功能的概率。结构可靠性理论的研究起源于对结构设计、施工和使用过程中存在的不确定性的认识，以及结构设计风险决策理论中计算结构失效概率的需要。

早期的可靠度计算方法是只考虑随机变量平均值和标准差的所谓"二阶矩模式"，结构可靠度用可靠指标表示。这种模式[14-16]先后有德国的 Mayer、瑞士的 Basler，苏联的尔然尼采和美国的 Cornell 提出过。二阶矩模式的特点是形式简单，当功能函数中的随机变量服从正态分布时，可以很方便地利用正态概率分布函数计算结构的可靠概率。但多数情况下随机变量并不服从正态分布，因此这时的可靠指标只是可靠度的一个比较含糊的代用指标。对非线性功能函数，则在随机变量平均值处，通过泰勒级数展开的方法，将其近似为线性函数，再求平均值和标准差，这就是现在所称的"中心点法"。尽管二阶矩模式形式简单，但其缺点随后也逐渐暴露了出来，如不能合理考虑实际中的大多数非正态随机变量；用力学含义相同，但数学表达形式不同的结构功能函数求得的可靠指标是不同的，这些都使得人们对二阶矩模式的合理性产生了动摇。直到 1973 年加拿大学者 Lind 建立了二阶矩模式与结构设计表达式的联系，才又重新确立了二阶矩模式的地位，希望通过进一步的研究来解决该模式存在的问题。

为解决"中心点法"计算可靠指标时存在的不唯一问题，1974 年 Hasofer 和 Lind 从几何上对可靠指标进行了定义[20]，将可靠指标定义为标准正态空间内，坐标原点到极限状态曲面的最短距离。当随机变量不服从正态分布时，通过数学变换的方法来解决。国际上常用的数学变换方法有两种，一是将非正态随机变量按等概率原则映射为标准正态随机变量[21-22]；另一种是按当量正态化条件，将非正态随机变量当量为正态随机变量[21]。研究表明，两种方法实质上是一致的[23]。

在上面的可靠度分析方法中，都只使用了结构功能函数的一次项和随机变量的前两阶矩，因此统称为一次二阶矩方法。为与"中心点法"相区别，一般将同时求验算点的可靠度分析方法称为"验算点法"。

Monte-Carlo 方法是通过随机模拟来对自然界的客观现象进行研究的一种方法。由于结构可靠度所研究的是不确定性事件的度量问题，因此用 Monte-Carlo 方法分析结构的可靠度是很自然的。

用 Monte-Carlo 方法分析问题首先要产生随机数，然后再根据随机变量的概率分布进行随机抽样。目前常采用基于数论原理的计算机方法，所得随机数称为伪随机数，其最大特点是产生速度快，具有可重复性。Monte-Carlo 方法模拟的结果是一个随机变量，常用其估计值的方差来反映其不确定性程度，方差越小，模拟的精度也越高。

1.3.2　可靠度理论在港口工程中的应用

国际上，结构可靠性理论的研究始于 20 世纪 40 年代，20 世纪 70 年代逐渐成熟，并尝试应用于结构设计规范[14-16]。国际标准化组织 ISO 于 1998 年正式颁布了《结构可靠性总原则》（ISO 2394：1998)[17-18]。自 20 世纪 80 年代起，我国在可靠度理论研究并吸收国外研究成果的基础上，编制了第一层次的工程结构可靠度设计统一标准及第二层次的工程结构可靠度设计统一标准[19]，其中《港口工程结构可靠度设计统一标准》于 1992 年颁布实施。以该标准为基础，《重力式码头设计与施工规范》JTJ 290—1998、《高桩码头设计与施工规范》JTJ 291—1998、《板桩码头设计与施工规范》JTJ 292—1998、《港口工程桩基规范》JTJ 254—1998 等采用了概率极限状态的分项系数设计法[20-24]。

从 2002 年起，港口工程领域启动了新一轮的规范修订，在港口结构设计规范中，《港口工程结构可靠度设计统一标准》GB 50158—1992 是第一个开始修订的规范。为了保证其他结构规范的修订与港口统标的相互协调，修订统标时，专门设立了"作用与抗力分析"专题，对港口工程结构的 17 本规范中的设计表达式进行了归类和分析，以考虑港口工程结构设计方法的历史和特点，使新统标中的设计表达式的形式能够容纳各设计规范的表达式形式。

在港口工程相关设计规范的修订过程中，为更好地与统标协调，贯彻可靠度设计方法，还专门列出了可靠度研究专题。《重力式码头设计与施工规范》JTJ 290—1998 根据专题研究成果，增加了"抗滑、抗倾稳定性按可靠指标设计"的内容。《板桩码头设计与施工规范》JTJ 292—1998 的研究专题，根据对选取的国内 14 个代表性板桩码头的可靠度分析，修改了"踢脚"稳定性和锚碇板稳定性的结构系数，以使板桩码头的"踢脚"稳定性、前墙抗弯强度、拉杆抗拉强度、锚碇板稳定性及整体稳定性可靠指标保持一致。《港口工程桩基规范》JTJ 254—1998 的研究专题"桩基承载力与可靠度分析"，根据收集的 49 根混凝土打入桩的试桩资料并经过可靠度分析，对 98 规范中的桩端阻力系数和桩侧阻力系数进行了扩展；根据 24 根钢管桩的试桩资料并经可靠度分析，提出了港口工程钢管桩的竖向承载力计算公式[25]。

《港口设施技术标准与解说》是日本港口码头及海岸工程结构设计的标准，在 1950 年编制第 1 版，之后经过多次修订，其中 2007 年是变化最大的一版。该版的最大特点是采用了基于性能的设计方法和可靠度设计方法[26]。设计中将结构分为高抗震结构、重要抗震结构和一般抗震结构，对应于不同的结构采用不同的目标可靠指标。根据设计的目标可靠指标，分别给出了不同设计状况下的分项系数。

1.3.3　可靠度理论在海洋工程中的应用

轻型码头结构形式是从海洋采油平台的钢导管架结构演化来的，所以在轻型码头的材料性能和有些荷载统计参数可借用钢导管架结构的研究成果[38-46]。

挪威说明（NPD）早在 1977 年就采用了 LRFD 方法。到 20 世纪 80 年代初，美国、英国和挪威等国家围绕着国际标准化组织（ISO）所制定的全球海洋结构物设计标准展开了一系列关于"海洋结构可靠度"的研究，形成了与 ISO 相适应的不同海域的设计标准，推动了海洋工程结构可靠度理论与应用的发展。美国石油学会（API）经过 10a 的研究准备，在 API 的资助下，吸收有经验的近海工程设计公司参加开展了研究、设计对比、计算校核等多方面的工作。1989 年提出了与 API RP 2A WSD 平行的 LRFD 标准初稿，1993 年经修改后正式出版 LRFD 标准第一版[27]，该标准是根据美国海域条件制定的。Moses（1991）、Theophanatos 和 Turner 等人[28-30]都研究过上述 API RP 2A-LRFD 标准用于世界其他海域平台结构设计的问题，其中主要的差别是不同海域环境荷载随机特性的差别。1996 年国际标准化组织 ISO 采用了 API RP 2A-LRFD 标准作为海上钢质固定平台结构设计标准，但考虑到不同海域环境条件的差别，在该标准的附录中提出了一些国家和地区的区域条款，其中中国的区域条款为暂缺。

我国也对海洋采油平台的可靠性设计理论和方法进行了很多研究，但目前仍没有形成我国自己的标准。我国于 1992 年等同采用美国石油学会（API）的《海上固定平台规划、设计和建造的推荐作法》（RP2A）而颁布了《中华人民共和国石油天然气行业标准》SY/T 4802—1992。在标准说明中指出，原标准中关于风、浪、流、冰、温度、地震等环境条件数据条件或定量计算方法，凡是切合我国实际标准的均可参照使用，否则，应使用符合我国环境条件实际的数据和定量计算方法。此后，中国海洋石油总公司于 1996 年 8 月 12 日发布了《中国海洋石油天然气行业标准》SY/T 1009—1996 API RP 2A-LRFD：1993。所推荐的作法—荷载和抗力系数设计法（LRFD）中的荷载和抗力的分项系数是根据美国的海洋环境条件数据确定的[35]。由于我国所处海域的海洋环境条件数据与美国的不同，因此有必要结合我国海洋环境随机荷载实际数据，和目前海洋工程可靠度理论的研究成果，对荷载和抗力分项系数的适用性进行研究。沈照伟等[36]通过对现有海洋平台的统计分析，给出了海洋平台结构荷载、抗力分项系数和组合系数；此外王欣平等[37]人还对渤海海域海洋平台所遭受的环境荷载进行了系统的统计分析。

1.3.4 疲劳可靠性研究的现状

由于结构材料性能固有的离散性以及反复作用荷载的随机性，一定反复荷载作用次数下结构是否会发生疲劳破坏是一个不确定性事件。因此，结构的耐疲劳性能需要用概率方法描述，相应的可靠度称为疲劳可靠度。管节点是平台结构的关键部位，同时也是最薄弱的环节，海上建筑物的失事很多都是由管节点的脆性断裂或疲劳破坏所致，因此对于比较重要的海上建筑物，对其疲劳可靠性进行分析尤为重要。历史上由于忽略结构疲劳而造成的事故屡见不鲜，如 1980 年 Alexander Keyland 号半潜式平台在北海沉没，使一百多人葬身海底。

疲劳可靠度是结构可靠度研究的一个重要组成部分，目前国内外已有较多的研究[70-71]。Marshall 早在 1974 年就提出有必要将可靠性分析方法引入海洋结构物的疲劳计算中，并作了初步尝试。Wirsching 于 1977 年根据 Nolte 提出的疲劳损伤计算模型，提出了对数正态的疲劳可靠性计算模型。随后，Munse 则研究了随机载荷作用下焊接构件的可靠性许用疲劳应力的确定方法；Nash 研究了多级应力幅下疲劳失效概率的预测问题。20 世纪 70 年代末，美国海岸警卫队船舶结构委员会和美国石油学会分别资助了"以概率论为基础的疲劳设计准则研究"项目。该项目的研究成果包括：通过对大量试验数据的统计，将 Miner 法则中的损伤量定义为对数正态随机变量；对宽带应力过程的修正；确定长期应力分布的等效 Weibull 模型等。此后其他国家如英国、日本、挪威等也相继开展了相关研究。20 世纪 80 年代初 Martindal 和 Wirsching 在研究海洋平台焊接管节点的疲劳可靠性问题提出了一种基于 S-N 曲线的结构疲劳可靠度计算模型，即为 Wirsching 疲劳可靠性模型。利用上述模型，Martindal 和 Wirsching 于 1983 年研究了简单并联结构系统，为了考虑节点之间的统计相关性，他们进一步把影响疲劳寿命的不确定因素分为节点间相关和独立两类。分析中，Martindal 和 Wrisching 认为构件两端的任一个节点疲劳破坏后，整个构件便不再承受和传递任何载荷，并作了等载荷假设，即某一构件破坏时，它所承受的载荷由其余尚未破坏的构件平均承担。最后 Martindale 和 WisrChing 运用 Mnote Carol 法对该并联系统的疲劳失效概率进行了模拟计算。

Martindale 和 wisrching 对结构系统疲劳可靠性研究的主要贡献在于提出了节点之间统计相关性的处理方法并准确地描述了并联系统的失效机理，为后续的研究工作奠定了基础。Bouma、Manner、Karadeniz 和 Bokalrud 等也先后基于 Miner 原理，提出了类似的疲劳可靠性计算模型。Karadeniz 等以四桩腿的混凝土平台和导管架平台为例，作了详细的可靠性分析。对于波高分布、P-M 谱的参数、波浪力计算系数 C_D、C_M，固有频率以及阻尼比等变量的随机性均作了考虑，最后借助疲劳谱分析法和可靠性一次二阶矩法，计算得到设计使用年限内结构的疲劳失效概率。Bokalrud 给出了特定参数下失效概率与时间的关系曲线。1982 年美国结构工程师学会结构安全与可靠度委员会曾对结构疲劳可靠度的研究现状作了阶段性总结[72-75]，此后在每届国际结构安全和可靠性会议上，结构疲劳的概率问题也被作为会议的主要议题之一[76,77]。

1991 年和 1992 年，Karmachnadnai 等运用断裂力学方法从裂纹扩展的角度来描述管节点的疲劳寿命。为了克服数值积分和 MnoetCarol 方法巨大的计算量带来的实际困难，Karamchnadani 等提出了一种新的计算格式，虽然这一计算格式在定义上尚不够完善，但可用于多种结构和各种概率分布，使结构系统疲劳可靠性分析在实际应用上迈出一大步。

20 世纪 80 年代末国内也开始了疲劳可靠性方面的研究，西北工业大学的张永苍研究了对称等幅循环载荷作用下结构系统的疲劳极限承载力及其可靠度计算方法等问题，然而他的研究对于一般随机载荷作用下的结构系统并不适用。1992 年，西北工业大学的董聪和杨庆雄进一步研究了非对称应力循环作用下结构系统的疲劳可靠性问题。1993 年上海交通大学的陈伯真、胡毓仁和顾剑民等在深入研究 Martindale 和 Wirsehing 对并联系统失效机理的描述以及 Karnajehandani 等提出的疲劳可靠性计算方法的基础上，进一步完善了并联系统疲劳失效问题。此外中国石油大学的方华灿、陈国明，浙江大学的金伟良，大连理工大学的洪明等都对管结点疲劳可靠性进行了非常有意义的研究[67-69]。

1.4 系缆力计算的研究现状

在国外，20 世纪 70 年代就开始利用数学模型预报码头系泊船舶在风、浪、流作用下的运动和系缆力。荷兰海工研究所的奥特默森博士比较完整地提出了有关理论和计算方法，并进行了模型试验研究。此后，日本港湾技术研究所上田茂等人相继发表了多篇相关论文。国外开发的码头系泊船舶缆绳张力计算的程序主要有 TermSim（荷兰 MARIN）、PcSmart（美国 Exxon Research and Engineering）和 Optimoor（美国 Tension Technology International：TTI），它们的共同特点是均只考虑缆绳静张力，而不考虑波浪的激励作用，因为有防波堤的港口波高不大，系泊船舶受力主要来自水流和风。1995 年，R. Natarajan 和 C. Ganapathy 利用船舶六个方向的位移量，给出了船舶系缆力的计算公式[50-59]。

国内对于船舶系缆力的研究相对较晚，始于 20 世纪 90 年代后期，主要采用物理模型试验和数值模拟方法对影响船舶系缆力的海洋动力因素、船舶因素进行了相关研究。于洋等人在不考虑缆绳拉伸变形情况下，从静力学二维角度对缆绳张力进行了分析；向溢等在 R. Natarajan 和 C. Ganapathy 的研究基础上，采用了蒙特卡洛算法、混沌解法对其进行了求解，并与试验结果进行了对比。邹志利利用系泊船舶运动方程和相关的国际通用公式研究了风、浪、流作用下系泊船的系缆力，讨论了不同水位和不同风浪流夹角对系缆力的影响，得到以下结论：①高潮位时缆绳拉力稍大，但水位对系缆力影响不是很大。②在风、浪、流不同方向的组合中，三者同向时产生的缆绳力最大。③船舶压载比满载时运动幅度值大，缆绳力也较大。采用数值模拟方法进行系泊船缆绳张力的计算都只是针对船舶受较小的波浪作用的半开敞水域[60-63]。

由于影响系缆力的因素非常多，如船舶的尺度和类型、缆绳的种类和特性以及系泊船舶所受到的环境荷载，如风、水流和波浪等，采用数学方法进行准确分析尚有困难，所以目前主要还是采用物理模型试验。大连理工大学海岸与近海工程国家重点实验室、南京水利科学研究院、天津水运科学研究院、中交天津港湾所、上海交通大学船舶与海洋工程学院等[86-93]在这方面做过很多研究。但是这些研究成果都是针对具体的工程得到的。向溢等人对开敞水域的码头系泊船舶进行了物理模型试验，试验工况包括五个风、浪、流方向，五个不同的规则波高和五种不同的风流。从试验结果得出：系泊缆绳张力与水流大小、方向、波浪大小、方向以及风速、风向都有着重要的关系，相比较而言，对缆绳张力大小的影响次序为：流向、波高、流速、波浪方向与风向和风速，其中水流与波浪方向对缆绳张力影响很大，外力主要由横缆承受，这可能是由于横缆相对较短的原因[64-66]。

1.5　码头荷载与抗力统计分析的研究现状

码头结构所经受的荷载与多种环境要素有关，收集数据和统计分析都比较困难，需要花费很大的人力和物力，所以我国在这方面所做的工作比较少。国外在这方面做过一些工作，但都是针对本国的海洋环境条件进行的统计分析，这些结果对我国不一定适用。我国在编制《港口工程结构可靠度设计统一标准》GB 50158—1992时，曾对码头堆货荷载、门式起重机荷载、集装箱堆场箱角荷载、港口铁路车辆荷载和波浪荷载及钢筋混凝土构件抗力进行过统计分析，取得了非常有价值的研究成果[152]。此外欧进萍等[97]曾对海洋平台结构所遭受的风、浪、流、冰等荷载进行了统计分析，并且给出了海洋平台结构构件抗力的统计参数。王欣平对海洋环境要素进行了统计分析[37]。

1.6　刚性嵌岩结构研究现状

在水深、自然条件恶劣、岩基浅埋的外海条件下进行港口工程建设，嵌岩结构将成为发展的趋势。在浅埋岩基条件下，由于嵌岩结构受力合理，施工速度快且造价低，所以得到了广泛的应用。嵌岩桩的形式可分为灌注型嵌岩桩、灌注型锚杆嵌岩桩、预制型植入嵌岩桩、预制型芯柱嵌岩桩、预制型锚杆嵌岩桩和组合式嵌岩桩等，桩可为直桩也可为斜桩。全直桩码头结构又分为柔性结构和半柔性结构，柔性结构桩群上部采用特殊连接，这种连接保持各桩均匀承受水平力而顶部不承受弯矩，此种结构的典型代表为柔性靠船墩结构。半柔性结构桩群上部采用刚性连接，桩顶部承受弯矩，该种结构形式结构简单、施工容易，还能利用钢管桩自身的弹性吸收能量，而且随着防冲设备吸能量的不断增加，更提高了这种结构的安全性和吸收船舶撞击能量的能力，增大了其适用范围。该结构形式多在深水或外海码头靠船墩中采用。

美国马里兰矿石码头建于 1971 年。设计水深 15.8m，进港航道疏浚后，可停靠 18 万吨级矿石船，采用全直桩结构，桩基 Φ914mm 钢管桩，码头主体宽25.3m，排架间距 6.1m，每个排架有 4 根直桩，仅在末端 5 个排架增加几根直桩，在船舶撞击力作用下，桩顶最大位移为 102mm。孟加拉吉大港集装箱码头结构为全直桩梁板结构，纵横梁系采用等高连接，并且针对岸边装卸桥轮压大的特点，在排架间的纵向轨道上设置了中间支撑。码头桩基总数为 1349 根，每个排架的桩数为 7 根，排距 7m，桩长 44～58.9m。此外还有法国昂蒂费尔原油码头靠船墩，日本喜入石油基地原油码头，日本东京港大井码头等。目前，国外钻孔机具有多种类型，已有钻孔直径达 7m 的旋转式钻机；冲击钻机已能冲击成直径 3～5m、深 40m 的孔，国外亦能施工倾斜嵌岩桩。

在国内，嵌岩桩普遍用于道路桥梁及建筑等陆上工程，随着港口工程建设发展的需要，于 20 世纪 80 年代中期在东南沿海的港口工程中开始应用，较好地满足了在软土覆盖层较薄的岩基上建造高桩码头的需求，如宁波港北仑港区五期工程、洋山深水港区一期工程、马迹山矿石中转码头、镇江大港三期工程等部分桩基均采用了嵌岩处理。到目前为止已不断开发出了适应本行业特点的各种类型的嵌岩桩，随着施工技术的不断成熟，越来越多的工程进行嵌岩方案的桩基设计与施工，由于投产运行的工程使用情况良好，也确实解决了地质带来的限制性，因此，嵌岩桩正以迅猛的速度推广使用。但国内尚不能斜桩嵌岩（有斜度较小斜桩的嵌岩尝试），没有岩基浅埋条件下斜桩嵌岩的工程实例。

2 结构可靠度概念与计算方法

2.1 结构可靠度概念

2.1.1 结构的极限状态

结构是否可靠，决定于结构所处的状态。我国《工程结构可靠度设计统一标准》GB 50153 对结构极限状态的定义是：当结构或结构的一部分超过某一特定状态就不能满足设计规定的某一功能要求时，此特定状态为该功能的极限状态。当结构能够完成预定的功能时，称结构处于可靠状态，不能完成预定的功能时，称处于失效状态。当结构处于可靠与不可靠的过渡状态时，称为极限状态。

结构的极限状态分为承载能力极限状态和正常使用极限状态。承载能力极限状态是结构达到极限承载力的状态，相应于结构的安全性，当不满足承载能力极限状态要求时，结构会倒塌、破坏，产生灾难性后果。所以，设计中对承载能力极限状态的要求较高。正常使用极限状态是指达到影响结构正常使用的状态，关系到结构能否正常使用，有些结构尽管设计使用年限内具有规定的安全性，但很可能不能满足正常使用的要求，如裂缝宽度、挠度变形过大等。所以，尽管超过正常使用极限状态不会造成灾难性后果，但由于影响结构的使用，设计中也应引起足够的重视。

2.1.2 结构的功能要求

人们建造各种结构物都有一定的目的，如建造房屋是为满足居住、办公等活动需求，建造桥梁是为了交通的需要，建造水坝是出于对挡水、蓄水的需要等。从可靠性的角度讲，为达到这些目的，就要对结构的功能提出要求。我国《工程结构可靠度设计统一标准》GB 50153 规定工程结构须满足下面的功能要求。

（1）能承受施工和使用期间可能出现的各种作用

结构为完成其使用功能，首先应能承受施工和使用期间可能出现的各种作用，否则，结构不仅不能完成其使命，还会造成人民生命财产的重大损失。

（2）保持良好的使用性能

结构使用性能的好坏是非常重要的，关系到结构能否满足规定的使用要求，很多结构往往不是安全性不足，而是不能满足使用要求。

（3）具有足够的耐久性能

耐久性问题是结构外部环境对结构材料的物理、化学、生物作用或结构材料内部的相互作用引起的结构性能劣化，这种过程一般是缓慢的，其最终结果是影响结构的安全性和使用性。耐久性病害与结构的使用环境有关。

（4）当发生火灾时，在规定的时间内可保持足够的承载力。

（5）当发生爆炸、撞击、人为错误等偶然事件时，结构仍可保持必需的整体稳定性，不会出现与起因不相称的后果。

在上面的各项功能中，第一项是对结构承载能力的要求，也是对结构功能最基本的要求，关系到结构的安全性，如果不满足安全性要求，就会发生倒塌破坏，造成人民生命财产的重大损失，特别是近年高科技的发展，人们对现代化工具和手段的依赖越来越强，结构破坏造成的经济损失往往非昔日所能想象的，有时间接损失比直接损失还要大。

2.1.3 结构设计中的变量

结构的设计与分析，是一个定性分析和定量计算相结合的过程，定性分析包括结构的概念设计，分析结果的预测及对计算结果正确性的判断。定量计算就是利用数学和力学方法根据给定的变量值对结构的内力、变形等进行计算。在可靠性理论中，这种设计计算中直接使用的变量称为基本变量，它代表一组规定的物理量，如设计中的荷载、材料强度、弹性模量、构件尺寸等。当将这些基本变量视为随机变量时，称为基本随机变量，如果没有特别指明其物理含义，可用 X 表示。需要说明的是，这里的基本随机变量是从设计中所使用的变量的层次定义的，如果从更低一级的层次定义，还可将其表示为其他多种因素的函数，如钢筋的屈服强度与钢材中各元素的含量、制造工艺、环境条件、试验时的加载速度、尺寸等因素有关，混凝土的强度等级与水泥品种、水泥含量、水灰质量比、掺和料类型和含量、外加剂类型和含量、拌和方法、施工工艺、养护方法等因素有关。在这些因素中，任一因素的变化都会引起材料强度的变化，也就是说，强度变量的随机性是由上述多种低层次的随机性引起的，但在分析中直接考虑这些因素就过于烦琐和复杂，且设计中并不直接使用这些低层次的变量，所以不将这些低层次的量视为基本随机变量。

综合变量是由若干个基本变量用数学函数描述或经力学运算得到的变量。如果综合变量是随机的量，则称为综合随机变量。例如，图 2.1 所示为受自重 g 和均布活荷载 q 作用的钢筋混凝土矩形简支梁，梁的跨度为 l，高度为 h（有效高度为 h_0），宽度为 b，混凝土的轴心抗压强度为 f_c，钢筋的屈服强度为 f_y，钢筋截面面积为 A_s。根据钢筋混凝土结构基本原理，梁的极限承载力可按式（2-1）计算：

$$R = A_s f_y \left(h_0 - \frac{A_s f_y}{2\alpha_1 b f_c} \right) \qquad (2.1)$$

式中 α_1 为与混凝土强度等级有关的系数。

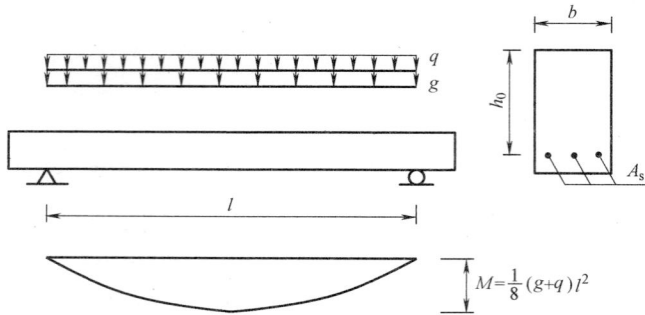

图 2.1　受均布荷载作用的钢筋混凝土梁

荷载 g 和 q 在梁跨中产生的弯矩为：

$$S = \frac{1}{8}(g+q)l_0^2 \qquad (2.2)$$

在上面两个式子中，g、q、l_0、b、h、f_c、f_y 和 A_s 均为基本变量，R 和 S 为综合变量。

将变量区分为基本变量和综合变量可使后面的可靠度分析简化。如在式（2-1）和（2-2）中，直接用基本变量 g、q、l_0、b、h、f_c、f_y 和 A_s 进行分析则比较复杂，特别是在进行迭代计算时，基本变量过多可能会出现多个收敛点，难以判断那个收敛点是合理的。如果将基本变量 g、q 和 l_0 凝聚为综合随机变量 S，b、h、f_c、f_y 和 A_s 凝聚为综合随机变量 R，使用综合变量 S 和 R 进行分析，则计算会大大简化。

2.1.4　极限状态方程

为满足结构各项功能的要求，在进行结构设计时，需根据已知的基本变量进行必要的数学运算，判断构件各项功能是否满足设计要求。

由于作用在结构上的荷载和结构的材料性能是不确定的，在结构使用过程中的状态也是不确定的，在结构设计使用年限内，结构可能能够完成预定的功能，也可能不能完成预定的功能。如果结构能够完成预定的功能，则称结构处于可靠状态；如结构不能完成预定的功能，则称结构处于不可靠状态，或失效状态。若结构或结构构件的某一功能与 n 个随机基本变量 X_1，X_2，$\cdots$，X_n 有关，可建立下面的数学函数：

$$Z = g_X(X_1, X_2, \cdots X_n) \qquad (2-3)$$

如果 $Z>0$ 表示结构的可靠状态，$Z<0$ 表示结构的失效状态，$Z=0$ 表示结

构的极限状态，则称式（2-3）为结构或结构构件的功能函数，$Z=0$ 称为结构或结构构件的极限状态方程。

结构的功能函数或极限状态方程是根据结构需完成的功能和结构到达极限状态的标志建立的。对于混凝土受弯构件，设构件能够承受的弯矩为 R，荷载产生的弯矩为 S，则 $R>S$ 时构件处于可靠状态，$R<S$ 时构件处于失效状态，$R=S$ 时构件处于极限状态，所以功能函数可表示为

$$Z=R-S。 \tag{2-4}$$

需要说明的是，结构功能函数或结构极限状态方程的表达方式并不是唯一的，例如功能函数 $Z=R-S$ 与函数 $Z=R/S-1$ 是等效的，因为这两个函数均能满足 $Z>0$ 为可靠状态，$Z<0$ 为失效状态，$Z=0$ 为极限状态的定义。在直角坐标系中，$Z=R-S=0$ 和 $Z=R/S-1$ 均表示一条直线，该直线将结构的状态空间分为可靠域和失效域。

2.1.5　设计状况

在结构建造和使用过程中，不同的时间段及不同的条件下结构的材料性能和承受的荷载是不同的。为保证结构整个使用过程中的可靠性，对结构进行设计时，应考虑结构这些不同阶段和条件下的特点，即设计状况。按照我国《工程结构可靠度设计统一标准》GB 50153 的定义，设计状况是根据一定时段确定的一组设计条件，设计应证明在该设计条件下结构不会超越有关的极限状态。设计状况分为持久状况、短暂状况、偶然状况和地震状况。

持久状况是与结构设计使用年限为同一量级的时段相应的设计状况，指正常使用时的情况。对于这种状况，设计中考虑的材料性能为结构正常使用时的材料性能，荷载为结构正常使用时的荷载，使用的时间段相当于结构的设计使用年限。持久状况应考虑承载能力极限状态和正常使用极限状态。

短暂状况为时间段与结构的设计使用年限相比短得多且出现概率很高的状况，这种状况指施工或维修时的情况。在施工阶段，结构是一个材料性能、荷载和结构外形不断随时间变化的"时变结构"，具体而言，施工阶段的材料性能是变化的，如混凝土的强度随龄期而增长，短龄期时混凝土达不到设计要求的强度，部分荷载需由支撑承担。施工阶段的荷载形式与特性与使用阶段也完全不同。这些使得施工阶段的状况与使用阶段不同。对于使用过程中的维修，主要荷载是施工中短时间的堆载。所以，短暂状况与持久状况不同。短暂状况需进行承载能力极限状态的设计，根据需要进行正常使用极限状态设计。

偶然状况是指结构遭受火灾、爆炸、撞击或局部破坏等异常情况的状况。对于这种状况，结构所承受的外部作用与正常使用条件下的作用不同，其特点是时间短，但强度很大，需要进行专门的设计。对于偶然状况，因为其发生的概率很

小，持续时间很短，只需进行承载能力极限状态的设计，可不进行正常使用极限状态的设计。

地震状况指结构遭受地震这一异常情况的状况，在抗震设防地区必须考虑。地震对结构的作用与持久状况、短暂状况和偶然状况不同，对于后三种状况，结构所受的外部作用均与结构本身无关，而地震作用则不同。地震使结构所产生作用效应的大小除与地震本身的强度、频谱特性和持续时间有关外，还取决于结构本身的型式、质量、固有周期、阻尼及结构构件连接的延性和耗能能力。考虑地震作用的特点和地震作用下结构响应的特性，需要进行不同于其他状况的设计。

2.1.6　结构可靠性

（1）结构可靠性

为保证不同设计状况下、不同极限状态时结构满足安全、适用、耐久和整体稳定性的要求，需保证结构具有一定的可靠性。按照我国《工程结构可靠度设计统一标准》GB 50153 的定义，结构可靠性为结构在规定的时间内，在规定的条件下，完成预定功能的能力。

（2）设计使用年限

在上面结构可靠性的定义中，规定的时间为结构设计使用年限。在不同的使用年限内，结构材料性能的变化、可能出现的最大荷载是不同的，所以结构可靠度要规定设计考虑的时间段。设计使用年限为结构或结构构件不需进行大修即可按其预定目的使用的时段。规定结构设计使用年限需考虑结构的形式、使用目的、使用环境、维修的难易程度、费用和重要性等。

（3）设计、施工和使用条件

在结构可靠性的定义中，所谓规定的条件是指对结构设计、施工和使用方面的规定。具体来讲，结构应由具有设计资质的单位承担、由具有设计资格的人员按照设计规范进行设计；由具有施工资质的单位承担、具备相关知识和技能的技术人员按设计图纸和国家施工规范进行施工；对于用户，应按设计规定的用途使用结构并进行日常维护。如果不符合上述条件，都不能保证结构具有设计的可靠性。

（4）预定的功能

在结构可靠性中，预定的功能指结构的安全性、适用性、耐久性和抗连续倒塌能力。这在前面已经做了讨论，不再细述。

2.1.7　结构可靠度

前面给出了结构可靠性的定义。与这一概念相对应，结构在规定的时间内，规定的条件下，完成预定功能的概率称为结构可靠度。结构可靠度为结构可靠性的概率度量。当用概率描述结构的可靠性时，就需要根据结构中基本随机变量或综合随机变量的概率分布进行计算。设 R 和 S 为两个相互独立随机变量，概率密度函数分别为 $f_R(r)$ 和 $f_S(s)$，则 R 和 S 的联合概率密度函数为 $f_R(r)$ $f_S(s)$。如果结构功能函数为 $Z=R-S$，则结构可靠度为 $Z>0$ 的区域内曲面体的体积，即：

$$p_s = P(Z>0) = \iint\limits_{Z>0} f_R(r)f_S(s)\mathrm{d}r\mathrm{d}s \tag{2-5}$$

同样，结构失效概率为 $Z<0$ 的区域内曲面体的体积为：

$$p_f = P(Z<0) = \iint\limits_{Z<0} f_R(r)f_S(s)\mathrm{d}r\mathrm{d}s = \int_0^{+\infty}\int_0^s f_R(r)f_S(s)\mathrm{d}r\mathrm{d}s$$
$$= \int_0^{+\infty} F_R(s)f_S(s)\mathrm{d}s \tag{2-6}$$

或

$$p_f = P(Z<0) = \int_0^{+\infty}\int_r^{+\infty} f_R(r)f_S(s)\mathrm{d}r\mathrm{d}s = \int_0^{+\infty}[1-F_S(r)]f_R(r)\mathrm{d}r \tag{2-7}$$

由上面两个式子可以看出，结构可靠度是在可靠域内对 R 和 S 联合概率密度函数的积分，结构失效概率是在失效域内对 R 和 S 联合概率密度函数的积分，可靠域和失效域构成整个域，结构可靠度与失效概率是互补的（结构处于极限状态的概率为 0），这样存在关系 $p_s + p_f = 1$。知道了 p_f，也就知道了 p_s，而实际中用 p_f 表示结构的可靠度更方便，如 $p_f = 2.3 \times 10^{-4}$ 比 $p_s = 0.99977$ 表示起来更符合习惯。所以，工程中一般多用结构失效概率描述结构的可靠度。

上面是两个随机变量的情况。如果结构有 n 个独立的随机变量 X_1，X_2，…，X_n，概率密度函数分别为 $f_{X_1}(x_1)$、$f_{X_2}(x_2)$、…、$f_{X_n}(x_n)$，结构功能函数为式（2-3），与两个随机变量的情况相似，结构失效概率为：

$$p_f = P(Z<0) = \iint\limits_{Z<0}\cdots\int f_{X_1}(x_1)f_{X_2}(x_2)\cdots f_{X_n}(x_n)\mathrm{d}x_1\mathrm{d}x_2\cdots\mathrm{d}x_n \tag{2-8}$$

这是一个高维积分，一般不能求得解析表达式。所以，需要寻求既满足工程精度要求，计算速度又快的数值方法。

2.1.8 结构可靠指标

如前所述，通过数值积分计算结构失效概率是困难的，当随机变量很多时甚至是不可行的，所以需要研究便于工程应用的计算方法。为此引入了可靠指标的概念。

式（2-8）给出了当结构功能函数的概率分布已知时失效概率的计算公式，一般情况下 Z 的分布取决于其包含的随机变量的概率分布和功能函数的形式。假定 Z 服从正态分布，其平均值为 μ_Z，标准差为 σ_Z，则结构的失效概率为：

$$p_{\mathrm{f}} = \int_{-\infty}^{0} f_Z(z)\,\mathrm{d}z = \int_{-\infty}^{0} \frac{1}{\sqrt{2\pi}\sigma_Z} \exp\left[-\frac{(z-\mu_Z)^2}{2\sigma_z^2}\right]\mathrm{d}z \tag{2-9}$$

作变换 $z = \mu_Z + \sigma_Z t$，则 $\mathrm{d}z = \sigma_Z \mathrm{d}t$，当 $z = 0$ 时 $t = -\mu_Z/\sigma_Z$；$z \to -\infty$ 时 $t \to -\infty$。所以式（2-9）为

$$p_{\mathrm{f}} = \int_{-\infty}^{-\frac{\mu_Z}{\sigma_Z}} \frac{1}{\sqrt{2\pi}} \exp\left(-\frac{t^2}{2}\right)\mathrm{d}t = \Phi\left(-\frac{\mu_Z}{\sigma_Z}\right) = \Phi(-\beta) \tag{2-10}$$

其中

$$\beta = \frac{\mu_Z}{\sigma_Z} \tag{2-11}$$

称为结构可靠指标，它与结构的失效概率具有式（2-10）表示的对应关系，求得了可靠指标，也就求得了结构的失效概率或可靠度。表 2.1 给出了 β 与 p_{f} 的对应关系。需要说明的是，式（2-10）是在功能函数 Z 服从正态分布的条件下建立的，如功能函数不服从正态分布，则需将 Z 等效或近似为正态分布的随机变量，但这时求得的可靠指标与失效概率之间不再具有式（2-10）表示的精确关系，如果采用比较好的近似计算方法，则由式（2-10）仍能求得比较准确的结果。

可靠指标与失效概率的对应关系　　　　　　　　　　表 2.1

β	0	1.0	2.0	3.0	4.0	5.0
p_{f}	0.5	1.5866×10^{-1}	2.2750×10^{-2}	1.3499×10^{-3}	3.1671×10^{-5}	2.8665×10^{-7}

考虑一种比较简单的情况，对于结构功能函数 $Z = R - S$，假定 R 和 S 均服从正态分布，由于 Z 是 R 和 S 的线性函数，根据正态随机变量的特性，Z 也服从正态分布，其平均值 $\mu_Z = \mu_R - \mu_S$，标准差 $\sigma_Z = \sqrt{\sigma_R^2 + \sigma_S^2}$，则可靠指标为：

$$\beta = \frac{\mu_R - \mu_S}{\sqrt{\sigma_R^2 + \sigma_S^2}} \tag{2-12}$$

如果 R 和 S 均服从对数正态分布，结构功能函数表示为 $Z = \ln R - \ln S$，由于 $\ln R$ 和 $\ln S$ 均服从正态分布，Z 也服从正态分布，其平均值为 $\mu_Z = \mu_{\ln R} - \mu_{\ln S}$，标准差为 $\sigma_Z = \sqrt{\sigma_{\ln R}^2 + \sigma_{\ln S}^2}$，则可靠指标为

$$\beta = \frac{\mu_{\ln R} - \mu_{\ln S}}{\sqrt{\sigma_{\ln R}^2 + \sigma_{\ln S}^2}} = \frac{\ln\left(\frac{\mu_R}{\mu_S}\sqrt{\frac{1+\delta_S^2}{1+\delta_R^2}}\right)}{\sqrt{\ln[(1+\delta_R^2)(1+\delta_S^2)]}} \tag{2-13}$$

如果 $\delta_R \leqslant 0.3$，$\delta_S \leqslant 0.3$，则式（2-13）可简化为

$$\beta = \frac{\ln\left(\frac{\mu_R}{\mu_S}\right)}{\sqrt{\delta_R^2 + \delta_S^2}} \tag{2-14}$$

如果 R 和 S 不同时服从正态分布或对数正态分布，或同时服从正态分布或对数正态分布但功能函数 Z 不为线性函数，则不能再直接计算可靠指标。

2.1.9 结构安全等级

我国工程结构设计的基本方针是安全适用、经济合理、技术先进和经久耐用。安全和经济是一对不可调和的矛盾，结构的安全性越高，建造费用越大，资源消耗越多。在资源有限的情况下，为保持社会的协调发展，从一个国家考虑，社会各行业之间资源的分配必须符合一定的比例，或者说只能将一定数量的资金用于基础设施建设。所以，从工程结构设计来讲，就要考虑安全性与资源的合理利用问题。目前采用的方法是对结构的安全性进行分级，不同的安全等级设计中采用的安全水准不同。

确定结构的安全等级，首先要考虑结构破坏可能造成的后果，如危及人的生命安全、造成经济损失、产生社会影响等，其次还有考虑结构的重要性和破坏的性质，如是延性破坏还是脆性破坏。我国各工程结构的可靠度设计统一标准将结构分为 3 个安全等级，如表 2.2 所示。一级结构的破坏后果很严重，如国家的一些重要的通信设施，特大型的桥梁；二级结构的破坏后果比较严重，这一等级的结构量大面广，如一般办公楼、住宅等；三级结构的破坏后果不严重，如一些临时性结构。

结构的安全等级   表 2.2

标准和规范	安全等级	破坏后果	结构物
《建筑结构可靠度设计统一标准》	一级	很严重	重要的建筑物
	二级	严重	一般的建筑物
	三级	不严重	次要的建筑物
《公路工程结构可靠度设计统一标准》	一级	—	特大桥、重要大桥
	二级		大桥、中桥、重要小桥
	三级		小桥、涵洞

2.2 结构可靠度计算方法

如前所述，当用概率描述结构的可靠性时，结构可靠度是一个概率计算问题，即计算结构可靠度就是计算结构在规定时间内、规定条件下结构能够完成预定功能的概率。目前可靠度计算方法主要是一次二阶矩法。一次二阶矩方法又分为中心点法和验算点法，其中验算点法是目前可靠度分析最常用的方法。由于这两种方法都是将非线性功能函数作一次泰勒级数展开，并使用了随机变量的平均值（一阶矩）和方差（二阶矩），故称为一次二阶矩方法。

2.2.1 中心点法

对于一般形式的结构功能函数

$$Z = g_X(X_1, X_2, \cdots, X_n) \tag{2-15}$$

其中 X_1，X_2，$\cdots$，X_n 为 n 个相互独立的随机变量，其平均值 μ_{X_1}，μ_{X_2}，$\cdots$，μ_{X_n} 和标准差 σ_{X_1}，σ_{X_2}，$\cdots$，σ_{X_n} 是已知的，在用式（2-12）计算 β_C 时，需要计算功能函数 Z 的平均值 μ_Z 和标准差 σ_Z，如果进一步已知各随机变量的概率密度函数，精确计算这两个值要通过高维数值积分，这又回到了与直接根据式（2-7）计算可靠度相同的问题；如果各随机变量的概率密度函数是未知的，则不能给出 μ_Z 和 σ_Z 的精确结果。但不管属于哪种情况，若将式（2-15）展开为泰勒级数，并保留至一次项，则可给出 μ_Z 和 σ_Z 近似结果，然而展开点的选择却是一个值得考虑的问题，一个简单的方法是将展开点选为平均值 μ_{X_1}，μ_{X_2}，$\cdots$，μ_{X_n} 处，即中心点。功能函数 Z 的平均值和方差近似为：

$$\left.\begin{aligned}
\mu_Z &= g_X(\mu_{X_1}, \mu_{X_2}, \cdots, \mu_{X_n}) \\
\sigma_Z^2 &= \sum_{i=1}^{n} \left(\frac{\partial g_X}{\partial X_i} \bigg|_\mu \sigma_{X_i} \right)^2
\end{aligned}\right\} \tag{2-16}$$

从而，按中心点法计算的可靠指标为：

$$\beta_C \approx \frac{g_X(\mu_{X_1}, \mu_{X_2}, \cdots, \mu_{X_n})}{\sqrt{\sum_{i=1}^{n} \left[\frac{\partial g_X(\mu)}{\partial X_i} \sigma_{X_i} \right]^2}} \tag{2-17}$$

由式（2-17）可以看出，中心点法使用了结构功能函数的一次泰勒级数展开式和随机变量的前两阶矩（平均值和方差），故称为一次二阶矩方法。早期也称做二阶矩模式。中心点法的优点是计算简便（不像后面的验算点法那样要进行迭代）；其缺点主要有：①功能函数在平均值处展开不尽合理；②对于力学意义相同、但数学表达形式不同的结构功能函数，由中心点法计算的可靠指标可能不同；③没有考虑随机变量的概率分布。

2.2.2 验算点法

前面已经说明了中心点法存在的三个明显的缺点，特别是第二个缺点曾一度使一些早期结构可靠度研究者对二阶矩模式的合理性产生了怀疑。1974 年 Hasofer 和 Lind 更加科学地对可靠指标进行了定义，并引入了验算点的概念，才使二阶矩模式有了更进一步的发展。由于分析中要迭代求解验算点，且验算点是可靠度分析中的一个关键点，所以将这种方法称为验算点法。

1. 随机变量服从正态分布的情形

（1）功能函数为线性函数

假定功能函数随机变量 Z 是一个正态随机变量，其概率密度函数如图 2.2 （a）所示。若已知其平均值 μ_Z 和标准差 σ_Z，则可靠指标 $\beta = \mu_Z / \sigma_Z$，在图 2.2 （a）中，平均值 σ_Z 到直线 $Z = 0$ 的距离为标准差 σ_Z 的 β 倍。如果将随机变量 Z 用一个标准正态随机变量 U 表示，即 $Z = \sigma_Z U + \mu_Z$，则 Z 可看做是具有一个标准正态随机变量的功能函数，图 2.2 （b）所示的 U 的密度曲线中，β 就是坐标原点 O 到直线 $u = -\beta$ 的距离，且在失效域或失效边界上，当 $u = -\beta$ 时 U 的概率密度取得最大值。所以，就单个随机变量 Z 而言，在标准化的正态坐标系中，β 的几何意义是很明确的，下面讨论多个正态随机变量时，可靠指标 β 的几何意义。

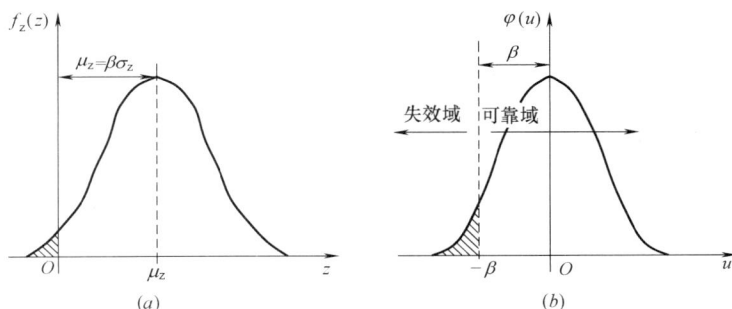

图 2.2 一个随机变量时的可靠指标

（a）正态随机变量；（b）标准正态随机变量

假定结构设计中包含 n 个相互独立的正态随机变量 X_1，X_2，$\cdots$，X_n，其平均值为 μ_{X_1}，μ_{X_2}，$\cdots$，μ_{X_n}，标准差为 σ_{X_1}，σ_{X_2}，$\cdots$，σ_{X_n}，结构功能函数为

$$Z = g_X(X_1, X_2, \cdots, X_n) = a_0 + \sum_{i=1}^{n} a_i X_i \tag{2-18}$$

式中 a_i（$i = 0$，1，$\cdots$，n）为常数。

为进一步在标准正态坐标系中研究可靠指标的几何意义，按下式将随机变量 X_i（$i = 1$，2，$\cdots$，n）变换为标准正态随机变量 Y_i（$i = 1$，2，$\cdots$，n）：

$$Y_i = \frac{X_i - \mu_{X_i}}{\sigma_{X_i}} (i = 1, 2, \cdots, n) \tag{2-19}$$

则式（2-18）表示的结构功能函数可由 Y_i（1，2，$\cdots$，n）表示为

$$Z = g_Y(Y_1, Y_1, \cdots, Y_n) = a_0 + \sum_{i=1}^{n} a_i(\mu_{X_i} + \sigma_{X_i} Y_i) =$$

$$= a_0 + \sum_{i=1}^{n} a_i \mu_{X_i} + \sum_{i=1}^{n} a_i \sigma_{X_i} Y_i \tag{2-20}$$

从而功能函数的平均值和标准差为

$$\mu_Z = a_0 + \sum_{i=1}^{n} a_i \mu_{X_i} \qquad (2\text{-}21)$$

$$\sigma_Z = \sqrt{\sum_{i=1}^{n} a_i^2 \sigma_{X_i}^2} \qquad (2\text{-}22)$$

这样，结构可靠指标为

$$\beta = \frac{\mu_Z}{\sigma_Z} = \frac{a_0 + \sum\limits_{i=1}^{n} a_i \mu_{X_i}}{\sqrt{\sum\limits_{i=1}^{n} a_i^2 \sigma_{X_i}^2}} \qquad (2\text{-}23)$$

由式（2-23）计算的可靠指标与结构失效概率存在着精确的对应关系 $p_f = \Phi(-\beta)$。

$Z = 0$ 表示结构的极限状态方程。对极限状态方程两边同除 $-\sqrt{\sum\limits_{i=1}^{n} a_i^2 \sigma_{X_i}^2}$，得到如下形式的方程：

$$\sum_{i=1}^{n} \frac{-a_i \sigma_{X_i}}{\sqrt{\sum\limits_{j=1}^{n} a_j^2 \sigma_{X_j}^2}} Y_i - \frac{a_0 + \sum\limits_{j=1}^{n} a_j \mu_{X_j}}{\sqrt{\sum\limits_{j=1}^{n} a_j^2 \sigma_{X_j}^2}} = 0 \qquad (2\text{-}24)$$

将式（2-23）与式（2-24）进行比较，显然方程的常数项为可靠指标 β，从而有

$$\sum_{i=1}^{n} \frac{-a_i \sigma_{X_i}}{\sqrt{\sum\limits_{j=1}^{n} a_j^2 \sigma_{X_j}^2}} Y_i - \beta = 0 \qquad (2\text{-}25)$$

令

$$\alpha_{Y_i} = \cos\theta_{Y_i} = -\frac{a_i \sigma_{X_i}}{\sqrt{\sum\limits_{j=1}^{n} a_j^2 \sigma_{X_j}^2}} \quad (i = 1, 2, \cdots, n) \qquad (2\text{-}26)$$

则式（2-25）为

$$\sum_{i=1}^{n} \alpha_{Y_i} Y_i - \beta = \sum_{i=1}^{n} \cos\theta_{Y_i} Y_i - \beta = 0 \qquad (2\text{-}27)$$

由解析几何的知识不难理解，式（2-27）所表示的是一法线式方程，$\cos\theta_{Y_i}$ 为直线的法线与坐标轴夹角的余弦，显然满足

$$\sum_{i=1}^{n} \alpha_{Y_i}^2 = \sum_{i=1}^{n} \cos^2\theta_{Y_i} = 1 \qquad (2\text{-}28)$$

的条件，而 β 为坐标原点到直线的最短距离，图 2.3 示出了两个随机变量的情形。这一分析过程明确了可靠指标的几何意义，即对于线性极限状态方程，可靠指标为标准正态坐标系中，坐标原点到极限状态面的最短距离。这就是 1974 年 Hasofer 和 Lind 对可靠指标的定义。坐标原点到直线垂线的垂足为验算点，在 Y 坐标系中验算点坐标为 $(y_1^*,\ y_2^*,\ \cdots,\ y_n^*)^{\mathrm{T}}$，在 X 坐标系中为 $(x_1^*,\ x_2^*,\ \cdots,\ x_n^*)^{\mathrm{T}}$。根据式（2-19），可得 X 坐标系和 Y 坐标系验算点坐标之间的关系

$$x_i^* = \mu_{X_i} + \sigma_{X_i} y_i^* \quad (i=1,2,\cdots,n) \tag{2-29}$$

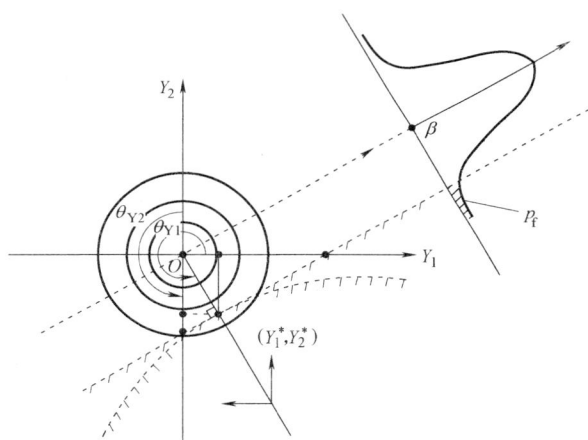

图 2.3　两个随机变量时的可靠指标

参考图 2.3，在 Y 坐标系中，可靠指标与直线法线的方向余弦有如下关系：

$$y_i^* = \beta\alpha_{Y_i} = \beta\cos\theta_{Y_i} \quad (i=1,2,\cdots,n) \tag{2-30}$$

因此，在 X 坐标系中，验算点 x^* 的坐标值为

$$x_i^* = \mu_{X_i} + \alpha_{X_i}\beta\sigma_{X_i} = \mu_{X_i} + \beta\sigma_{X_i}\cos\theta_{X_i} \quad (i=1,2,\cdots,n) \tag{2-31}$$

其中，α_{X_i} 或 $\cos\theta_{X_i}$ 为在 X 空间表示的 α_{Y_i} 或 $\cos\theta_{Y_i}$。

将式（2-31）代入式（2-15），不难验证 $Z=g_X(x_1^*,\ x_2^*,\ \cdots,\ x_n^*)=0$，说明验算点 x^* 是极限状态面上的一点。

（2）功能函数为非线性函数

同样假定随机变量 X_1，X_2，$\cdots$，X_n 服从正态分布，但结构功能函数

$$Z=g_X(X_1,X_2,\cdots,X_n)$$

不再是线性函数，显然，这时精确求解 Z 的平均值和标准差是非常困难的，即便能够求得，Z 也不服从正态分布，不能再按式（2-23）计算结构可靠指标。

同结构功能函数为线性函数的情形一样，如果将可靠指标定义为标准正态坐

标系中坐标原点到极限状态曲面的距离，垂足为验算点，则不管结构极限状态方程的数学表达形式如何，只要具有相同的力学或物理含义，在标准正态坐标系中，所表示的都将是同一个曲面，曲面上与坐标原点距离最近的点也只有一个。因而，所得到的可靠指标是惟一的，不像中心点法那样，随结构极限状态方程数学表达式的形式而变。

为计算可靠指标，将非线性功能函数在验算点处展开，则结构功能函数的一次展开式为：

$$Z_L = g_X(x_1^*, x_2^*, \cdots, x_n^*) + \sum_{i=1}^{n} \frac{\partial g_X}{\partial X_i}\bigg|_P (X_i - x_i^*) \tag{2-32}$$

其平均值和方差为

$$\mu_{ZL} = EZ_L = g_X(x_1^*, x_2^*, \cdots, x_n^*) + \sum_{i=1}^{n} \frac{\partial g_X}{\partial X_i}\bigg|_P (EX_i - x_i^*)$$

$$= g_X(x_1^*, x_2^*, \cdots, x_n^*) + \sum_{i=1}^{n} \frac{\partial g_X}{\partial X_i}\bigg|_P (\mu_{X_i} - x_i^*) \tag{2-33}$$

$$\sigma_{Z_L}^2 = E(Z_L - EZ_L)^2 = \sum_{i=1}^{n} \sum_{j=1}^{n} \frac{\partial g_X}{\partial X_i}\bigg|_P \frac{\partial g_X}{\partial X_j}\bigg|_P E\big[(X_i - \mu_{X_i})(X_j - \mu_{X_j})\big]$$

$$= \sum_{i=1}^{n} \left(\frac{\partial g_X}{\partial X_i}\bigg|_P \sigma_{X_i}\right)^2 \tag{2-34}$$

式中，$\sum_{i=1}^{n} \frac{\partial g_X}{\partial X_i}\bigg|_P$ 为 $g_X(\cdot)$ 的偏导数在验算点处的值。

由此求得可靠指标

$$\beta = \frac{\mu_{Z_L}}{\sigma_{Z_L}} = \frac{g_X(x_1^*, x_2^*, \cdots, x_n^*) + \sum\limits_{i=1}^{n} \frac{\partial g_X}{\partial X_i}\bigg|_P (\mu_{X_i} - x_i^*)}{\sqrt{\sum\limits_{i=1}^{n} \left[\frac{\partial g_X}{\partial X_i}\bigg|_P \sigma_{X_i}\right]^2}} \tag{2-35}$$

由上式可以看出，可靠指标是验算点坐标值的函数，而验算点坐标值是未知的，所以单由式（2-35）并不能求得可靠指标，尚需补充其他条件。

如同式（2-31），验算点和可靠指标之间具有如下关系：

$$x_i^* = \mu_{X_i} + \beta \sigma_{X_i} \cos\theta_{X_i} \quad (i = 1, 2, \cdots, n) \tag{2-36}$$

将式（2-33）与式（2-18）比较得

$$a_i = \frac{\partial g_X}{\partial X_i}\bigg|_P \quad (i = 1, 2, \cdots, n) \tag{2-37}$$

代入式（2-26）得

$$\alpha_{X_i} = \cos\theta_{X_i} = -\frac{\dfrac{\partial g_X}{\partial X_i}\bigg|_P \sigma_{X_i}}{\sqrt{\displaystyle\sum_{j=1}^{n}\left(\dfrac{\partial g_X}{\partial X_j}\bigg|_P \sigma_{X_j}\right)^2}} \quad (i=1,2,\cdots,n) \qquad (2\text{-}38)$$

式（2-35）、式（2-36）和式（2-38）构成了一个非线性方程组，β 和验算点需要迭代计算，迭代步骤如下：

1）假定初始验算点值，一般可取 $x^{*(0)} = (\mu_{X_1}, \mu_{X_2}, \cdots \mu_{X_n})$；

2）由式（2-35）计算 β；

3）由式（2-38）计算 $\cos\theta_{X_i}$（$i=1$，2，$\cdots$，n）；

4）由式（2-36）计算新的验算点 $x^{*(1)} = (x_1^{*(1)}, x_2^{*(1)}, \cdots, x_n^{*(1)})$；

5）若 $\|x^{*(1)} - x^{*(0)}\| < \varepsilon$，$\varepsilon$ 为规定的允许误差，则停止迭代，所求 β 即为要求的可靠指标；否则，取 $x^{*(0)} = x^{*(1)}$，转（2）继续迭代。

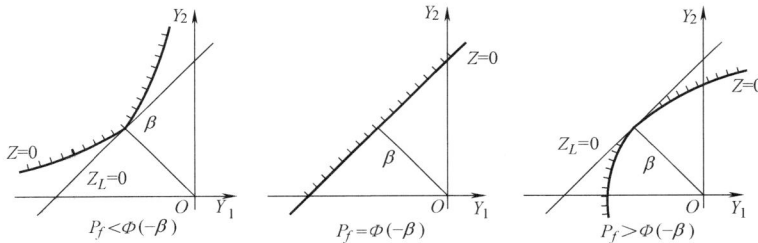

图 2.4　由验算点法计算的失效概率与精确失效概率的关系

需要说明的是，将极限状态曲面在验算点处展开后所计算的可靠指标是对应于切平面 $Z_L = 0$ 的可靠指标，没有反映曲面的凹凸性，或者说由此计算的失效概率是精确失效概率的一次近似结果。若要获得更准确的结果，尚需考虑极限状态曲面的凹凸性及程度。图 2.4 示出了三种情况下由验算点法计算的失效概率与精确失效概率的关系。

2. 随机变量不服从正态分布的情形

前面讨论了随机变量服从正态分布时的可靠指标计算方法，但在实际工程中，许多随机变量并不一定服从正态分布，如有的变量服从对数正态分布，有的变量服从极值 I 型分布。这样，需要研究随机变量不服从正态分布时的可靠指标计算方法。本节介绍当量正态化方法。

所谓当量正态化，就是将不服从正态分布的随机变量 X_i 等效为正态随机变量 X_i'，当量正态化的条件是，在验算点处使非正态随机变量 X_i 的概率分布函数值与当量正态随机变量 X_i' 的概率分布函数值相等，X_i 的概率密度函数值与 X_i' 的概率密度函数值相等，用公式表示为：

$$F_{X_i}(x_i^*) = \Phi\left(\frac{x_i^* - \mu_{X_i'}}{\sigma_{X_i'}}\right) = F_{X_i'}(x_i^*) \tag{2-39}$$

$$f_{X_i}(x_i^*) = \frac{1}{\sigma_{X_i'}}\varphi\left(\frac{x_i^* - \mu_{X_i'}}{\sigma_{X_i'}}\right) = f_{X_i'}(x_i^*) \tag{2-40}$$

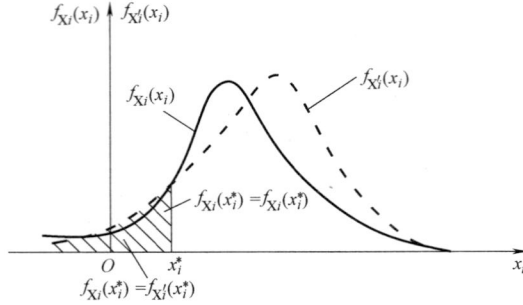

图 2.5   非正态随机变量的当量正态化

图 2.5 为当量正态化条件的图示。由式（2-39）和式（2-40）可解得：

$$\mu_{X_i'} = x_i^* - \Phi^{-1}[F_{X_i}(x_i^*)]\sigma_{X_i'} \tag{2-41}$$

$$\sigma_{X_i'} = \frac{\varphi\{\Phi^{-1}[F_{X_i}(x_i^*)]\}}{f_{X_i}(x_i^*)} \tag{2-42}$$

将 X_i 当量正态化为 X_i' 后，即认为 X_i' 是服从正态分布的随机变量，平均值为 $\mu_{X_i'}$，标准差为 $\sigma_{X_i'}$，进而按照正态随机变量的情况计算可靠指标。由式（2-41）和式（2-42）可以看出，当量正态随机变量 X_i' 的平均值 $\mu_{X_i'}$ 和标准差 $\sigma_{X_i'}$ 是验算点的函数，与验算点的位置有关，具体值与可靠指标的迭代计算过程有关，迭代收敛后，$\mu_{X_i'}$ 和 $\sigma_{X_i'}$ 的值也就确定了。迭代确定 X_i' 的平均值 $\mu_{X_i'}$ 和标准差 $\sigma_{X_i'}$ 的过程，也就是非正态随机变量的当量正态化过程。

当量正态化后，式（2-35）、式（2-38）和式（2-36）为：

$$\beta = \frac{g_X(x_1^*, x_2^*, \cdots, x_n^*) + \sum_{i=1}^{n}\frac{\partial g_X}{\partial X_i}\bigg|_P(\mu_{X_i'} - x_i^*)}{\sqrt{\sum_{i=1}^{n}\left(\frac{\partial g_X}{\partial X_i}\bigg|_P \sigma_{X_i'}\right)^2}} \tag{2-43}$$

$$\alpha_{X_i'} = \cos\theta_{X_i'} = -\frac{\frac{\partial g_X}{\partial X_i}\bigg|_P \sigma_{X_i'}}{\sqrt{\sum_{i=1}^{n}\left(\frac{\partial g_X}{\partial X_i}\bigg|_P \sigma_{X_i'}\right)^2}} \quad (i = 1, 2, \cdots, n) \tag{2-44}$$

$$x_i^* = \mu_{X_i'} + \alpha_{X_i'}\sigma_{X_i'}\beta \quad (i = 1, 2, \cdots, n) \tag{2-45}$$

式（2-43）、式（2-44）、式（2-45）、式（2-41）和式（2-42）构成非正态随机变量情况下可靠指标得迭代计算公式。

对于大多数的非正态随机变量，不能用其概率分布函数和概率密度函数以解析的形式表示 $\mu_{X_i'}$ 和 $\sigma_{X_i'}$，而是需要数值计算。对于对数正态随机变量，其与正态随机变量存在一定的关系，可以直接得到 $\mu_{X_i'}$ 和 $\sigma_{X_i'}$ 的解析表达式。

由式（2-39）得

$$\Phi\left(\frac{\ln x_i^* - \mu_{\ln X_i}}{\sigma_{\ln X_i}}\right) = \Phi\left(\frac{x_i^* - \mu_{X_i'}}{\sigma_{X_i'}}\right) \tag{2-46}$$

即

$$\frac{\ln x_i^* - \mu_{\ln X_i}}{\sigma_{\ln X_i}} = \frac{x_i^* - \mu_{X_i'}}{\sigma_{X_i'}} \tag{2-47}$$

由式（2-40）得

$$\frac{1}{\sqrt{2\pi}\sigma_{\ln X_i} x_i^*}\varphi\left(\frac{\ln x_i^* - \mu_{\ln X_i}}{\sigma_{\ln X_i}}\right) = \frac{1}{\sqrt{2\pi}\sigma_{X_i'}}\varphi\left(\frac{x_i^* - \mu_{X_i'}}{\sigma_{X_i'}}\right) \tag{2-48}$$

将式（2-47）代入式（2-48）得

$$\sigma_{X_i'} = x_i^* \sigma_{\ln X_i} = x_i^* \sqrt{\ln(1+\delta_{X_i}^2)} \tag{2-49}$$

将式（2-49）代入式（2-47）得

$$\mu_{X_i'} = x_i^* + x_i^*(-\ln x_i^* + \mu_{\ln X_i}) = x_i^*\left[1 - \ln x_i^* + \ln\left(\frac{\mu_{X_i}}{\sqrt{1+\delta_{X_i}^2}}\right)\right] \tag{2-50}$$

式（2-49）和式（2-50）即为对数正态分布的当量正态化后的标准差和平均值。

用当量正态方法迭代计算可靠指标的步骤为：

1）取定初始验算点 $x^{*(0)} = (x_1^{*(0)}, x_2^{*(0)}, \cdots, x_n^{*(0)})$，一般可取 $x^{*(0)} = (\mu_{X_1}, \mu_{X_2}, \cdots, \mu_{X_n})$；

2）由式（2-41）和式（2-42）计算 $\mu_{X_i'}$ 和 $\sigma_{X_i'}$；

3）由式（2-43）计算 β；

4）由式（2-44）计算 $\alpha_{X_i'}(i=1,2,\cdots,n)$；

5）由式（2-45）计算新的验算点 $x^{*(1)} = (x_1^{*(1)}, x_2^{*(1)}, \cdots, x_n^{*(1)})$；

6）若 $\|x^{*(1)} - x^{*(0)}\| < \varepsilon, \varepsilon$ 为规定的允许误差，则停止迭代，所求 β 即为要求的可靠指标；否则，取 $x^{*(0)} = x^{*(1)}$，转（2）继续迭代。

3 轻型码头结构系缆力计算

3.1 引言

在不同风浪流情况下系泊船舶缆绳张力的计算是系泊系统的一个重要组成部分，历史上曾经发生过很多由于缆绳断裂而造成船舶撞毁码头的事故。本章根据轻型码头结构刚度小、变形大的特点，根据能量守恒原理建立了求解缆绳张力的数学模型，采用优化的方法对系缆力非线性方程组进行求解，并通过算例给出了缆绳张力随系船墩刚度的变化关系。

3.2 系泊系统的应变能分析

图 3.1 为外海轻型码头船舶系泊图，在船舶上定义了两个坐标系，固定坐标系 $o\text{-}xyz$ 和随船坐标系 $o'\text{-}x'y'z'$，对于无外力作用的初始状态，两坐标系重合，坐标原点取在船舶重心处。

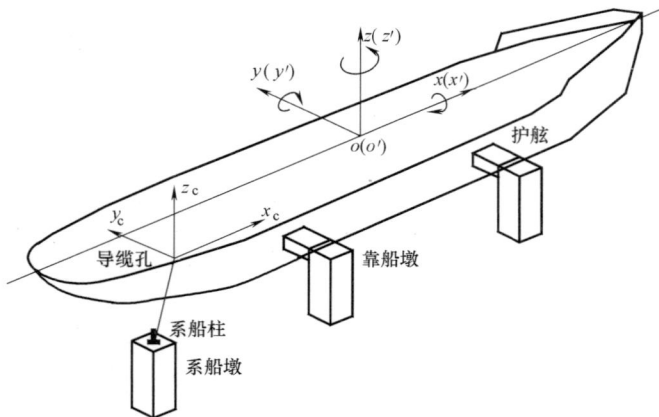

图 3.1 系泊坐标系

对于轻型码头，由于系船墩和靠船墩具有一定柔性，当船舶遭受外部环境荷载作用时，缆绳和护舷将分别产生拉力和压力，导致系船墩和靠船墩相应产生变形，计算系缆力时系船墩和靠船墩的应变能不可忽略。

3.2.1 缆绳与系船墩的应变能

系泊船舶有 6 个自由度，分别为横移、纵移、升沉、横摇、纵摇和回转。系泊船舶的线位移可用随船坐标系 $o'\text{-}x'y'z'$ 相对于固定坐标系 $o\text{-}xyz$ 的移动定义，令系泊船舶的线位移 $U_c = [u_{cx}, u_{cy}, u_{cz}]^T$，其中，$u_{cx}$，$u_{cy}$，$u_{cz}$ 分别为系泊船舶在 x，y，z 方向的线位移；系泊船舶的角位移可用随船坐标系 $o'\text{-}x'y'z'$ 相对于固定坐标系 $o\text{-}xyz$ 坐标轴的转角定义，令系泊船舶的角位移 $\theta_c = [\theta_{cx}, \theta_{cy}, \theta_{cz}]^T$，其中，$\theta_{cx}$，$\theta_{cy}$，$\theta_{cz}$ 分别为系泊船舶绕 x，y，z 轴的角位移。

定义船舶导缆孔局部坐标系的方向与随船坐标系相同，系船墩局部坐标系的方向与固定坐标系相同。当船舶受到外部载荷作用时，船舶上第 k 个导缆孔相对于固定坐标系原点的位移为

$$\begin{bmatrix} u_{xik} \\ u_{yik} \\ u_{zik} \end{bmatrix} = \begin{bmatrix} u_{cx} + c_{zk}\theta_{cy} - c_{yk}\theta_{cz} \\ u_{cy} + c_{xk}\theta_{cz} - c_{zk}\theta_{cx} \\ u_{cz} + c_{yk}\theta_{cx} - c_{xk}\theta_{cy} \end{bmatrix} \tag{3.1}$$

式中，u_{xik}，u_{yik}，u_{zik} 分别为船舶第 k 个导缆孔相对于固定坐标系的位移（m）；c_{xk}，c_{yk}，c_{zk} 分别为第 k 个导缆孔相对于移动坐标系 $o'\text{-}x'y'z'$ 的坐标（m）。

当船舶上作用有环境荷载时，船舶将荷载传递给缆绳和系船墩，导致缆绳和系船墩产生位移。图 3.2 为缆绳与系船墩的变形图。

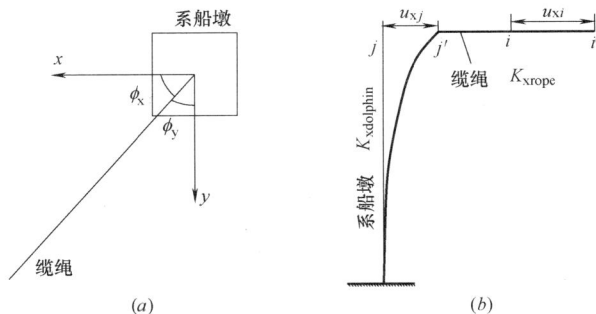

图 3.2 缆绳与系船墩的变形

(a) 系船墩；(b) 缆绳

文献［66］给出了缆绳相对于随船坐标系 $o'\text{-}x'y'z'$ 的刚度矩阵 K_k

$$K_k = k_k \begin{bmatrix} \cos^2\phi_{xk} & \cos\phi_{xk}\cos\phi_{yk} & \cos\phi_{xk}\cos\phi_{zk} \\ \cos\phi_{xk}\cos\phi_{yk} & \cos^2\phi_{yk} & \cos\phi_{yk}\cos\phi_{zk} \\ \cos\phi_{xk}\cos\phi_{zk} & \cos\phi_{yk}\cos\phi_{zk} & \cos^2\phi_{zk} \end{bmatrix} \tag{3.2}$$

式中，$k_k = E_k A_k / L_{0k}$，为每根缆绳的轴向刚度；E_k、A_k、L_{0k} 分别为第 k 根

缆绳的弹性模量、截面面积和长度；ϕ_{xk}，ϕ_{yk}，ϕ_{zk} 分别为第 k 根缆绳与船舶坐标轴的夹角。

设第 k 根缆绳在 x、y、z 方向的位移分别为 u_{xik}、u_{yik}、u_{zik}；第 k 个系船墩在 x、y、z 方向的位移分别为 u_{xjk}、u_{yjk}、u_{zjk}；第 k 个系船墩在 x、y、z 方向的刚度分别为 K_{xdk}、K_{ydk}、K_{zdk}，则由力的平衡方程可得

$$K_k\begin{bmatrix} u_{xik}-u_{xjk} \\ u_{yik}-u_{yjk} \\ u_{zik}-u_{zjk} \end{bmatrix}=\begin{bmatrix} K_{xdk}u_{xjk} \\ K_{ydk}u_{yjk} \\ K_{zdk}u_{zjk} \end{bmatrix} \tag{3.3}$$

由于系船墩在 z 方向的刚度远大于 x、y 方向的刚度，所以可假设系船墩在 z 方向的位移 $u_{zjk}=0$，将式（3.2）代入式（3.3）可导出系船墩在 x 方向和 y 方向的位移为

$$u_{xjk}=\left(A_k-\frac{B_k k_k\cos\phi_{xk}\cos\phi_{yk}}{K_{ydk}+k_k\cos^2\phi_{yk}}\right)\bigg/\left(K_{xdk}+k_k\cos^2\phi_{xk}-\frac{k_k^2\cos^2\phi_{xk}\cos^2\phi_{yk}}{K_{ydk}+k_k\cos^2\phi_{yk}}\right)$$
$$\tag{3.4a}$$

$$u_{yjk}=\left(B_k-\frac{A_k k_k\cos\phi_{xk}\cos\phi_{yk}}{K_{xdk}+k_k\cos^2\phi_{xk}}\right)\bigg/\left(K_{ydk}+k_k\cos^2\phi_{yk}-\frac{k_k^2\cos^2\phi_{xk}\cos^2\phi_{yk}}{K_{xdk}+k_k\cos^2\phi_{xk}}\right)$$
$$\tag{3.4b}$$

其中

$$A_k=k_k(\cos^2\phi_{xk}u_{xik}+\cos\phi_{xk}\cos\phi_{yk}u_{yik}+\cos\phi_{xk}\cos\phi_{zk}u_{zik})$$
$$B_k=k_k(\cos\phi_{xk}\cos\phi_{yk}u_{xik}+\cos^2\phi_{yk}u_{yik}+\cos\phi_{yk}\cos\phi_{zk}u_{zik})$$

当船舶运动时，缆绳的长度将发生改变。设第 k 个缆绳的长度为 L_k，由图 3.3 的几何关系得

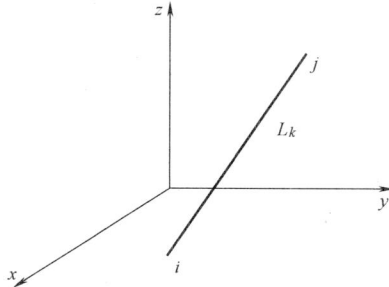

图 3.3 缆绳示意图

$$L_k^2=(x_{ik}-x_{jk})^2+(y_{ik}-y_{jk})^2+(z_{ik}-z_{jk})^2 \tag{3.5}$$

式中，x_{ik}，y_{ik}，z_{ik} 为第 k 个导缆孔的坐标；x_{jk}，y_{jk}，z_{jk} 为第 k 个系船柱的坐标。

对式（3.5）进行微分得

$$L_k \delta L_k = (x_{ik} - x_{jk})(\delta x_{ik} - \delta x_{jk}) + (y_{ik} - y_{jk})(\delta y_{ik} - \delta y_{jk}) + (z_{ik} - z_{jk})(\delta z_{ik} - \delta z_{jk})$$

$$(3.6)$$

式（3.6）两边分别除以 L_k，得

$$\delta L_k = \frac{x_{ik} - x_{jk}}{L_k}(\delta x_{ik} - \delta x_{jk}) + \frac{y_{ik} - y_{jk}}{L_k}(\delta y_{ik} - \delta y_{jk}) + \frac{z_{ik} - z_{jk}}{L_k}(\delta z_{ik} - \delta z_{jk})$$

$$(3.7)$$

其中

$$\frac{x_{ik} - x_{jk}}{L_k} = \cos\phi_{xk}, \quad \frac{y_{ik} - y_{jk}}{L_k} = \cos\phi_{yk}, \quad \frac{z_{ik} - z_{jk}}{L_k} = \cos\phi_{zk} \quad (3.8)$$

缆绳受力变形后，导缆孔和系缆柱移动，所以有

$$\delta x_{ik} = u_{xik}, \delta y_{ik} = u_{yik}, \delta z_{ik} = u_{zik}$$

$$\delta x_{jk} = u_{xjk}, \delta y_{jk} = u_{yjk}, \delta z_{jk} = 0 \quad (3.9)$$

将式（3.9）代入式（3.7）中并除以缆绳初始长度 L_{0k}，得第 k 个缆绳的应变 ε_k 为

$$\varepsilon_k = \frac{\delta L_k}{L_{0k}} = \frac{\cos\phi_{xk}}{L_{0k}}(u_{xik} - u_{xjk}) + \frac{\cos\phi_{yk}}{L_{0k}}(u_{yik} - u_{yjk}) + \frac{\cos\phi_{zk}}{L_{0k}}u_{zik} \quad (3.10)$$

将式（3.4）代入式（3.10）即可得到每根缆绳的应变 ε_k。

（1）缆绳的应变能

假定缆绳为弹性变形，则由式（3.10）可得到每根缆绳的应变能为

$$U_k = \frac{1}{2} E_k \varepsilon_k^2 A_k L_{0k} \quad (3.11)$$

整个缆绳系统总应变为

$$U_r = \frac{1}{2} \sum_{k=1}^{n} \frac{E_k A_k}{L_{0k}} \left[\cos\phi_{xk}(u_{xik} - u_{xjk}) + \cos\phi_{yk}(u_{yik} - u_{yjk}) + \cos\phi_{zk}u_{zik} \right]^2$$

$$(3.12)$$

式中，n 为缆绳根数。

（2）系船墩的应变能

由于系船墩在 z 方向的位移非常小，所以可不考虑系船墩在 z 方向的应变能，则系船墩的总应变能 U_d 为

$$U_d = \sum_{k=1}^{n} \frac{1}{2}(K_{xdk}u_{xjk}^2 + K_{ydk}u_{yjk}^2) \quad (3.13)$$

式中 n 为系船柱个数。

将式（3.4）代入式（3.13）即可得到系船墩的总应变能 U_d。

3.2.2 护舷和靠船墩的应变能

当环境荷载作用在船舶上时，船舶将对护舷产生压力，靠船墩和护舷都将产

生位移。定义第 k 个护舷在 y 方向的位移为 d_{ik}，第 k 个靠船墩在 y 方向的位移为 d_{jk}，再设第 k 个护舷在 y 方向的刚度为 K_{yfk}，第 k 个靠船墩在 y 方向的刚度为 K_{ymdk}，则它们的关系可表示为

$$\frac{d_{ik}-d_{jk}}{d_{jk}}=\frac{K_{ymdk}}{K_{yfk}}$$

即

$$d_{jk}=\frac{K_{yfk}}{K_{yfk}+K_{ymdk}}d_{ik} \tag{3.14}$$

当船舶产生位移后，第 k 个护舷的位移为

$$d_{ik}=u_{cy}+(r_{xk}-u_{cx})\theta_{cz}-(r_{zk}-u_{cz})\theta_{cx} \tag{3.15}$$

式中，d_{ik} 为第 k 个护舷处的位移（m）；r_{xk}，r_{yk}，r_{zk} 为第 k 个护舷在固定坐标系下的坐标（m）。

（1）护舷的应变能

当 $d_{ik}<0$ 时，船舶在第 k 个护舷处沿 y 轴负方向发生位移，护舷与船舶接触，护舷的应变能为

$$U_{f}=\sum_{k=1}^{m}\frac{1}{2}K_{yfk}[-(d_{ik}-d_{jk})](d_{ik}-d_{jk})=-\sum_{k=1}^{m}\frac{1}{2}K_{yfk}\left(\frac{K_{ymdk}}{K_{yfk}+K_{ymdk}}d_{ik}\right)^{2}$$

$$=-\sum_{k=1}^{m}\frac{1}{2}K_{yfk}\left(\frac{K_{ymdk}}{K_{yfk}+K_{ymdk}}\right)^{2}d_{ik}^{2}$$

$$\tag{3.16}$$

式中 m 为护舷个数。

当 $d_{ik}\geqslant0$ 时，船舶沿 y 轴正方向产生位移，护舷与轮船不接触，应变能为

$$U_{f}=0 \tag{3.17}$$

（2）靠船墩的应变能

当 $d_{ik}<0$ 时，船舶在第 k 个护舷和靠船墩沿 y 轴负方向产生位移，靠船墩的应变能为

$$U_{md}=\sum_{k=1}^{m}\frac{1}{2}K_{ymdk}(-d^{jk})d_{jk}=-\sum_{k=1}^{m}\frac{1}{2}K_{ymdk}\left(\frac{K_{yfk}}{K_{yfk}+K_{ymdk}}\right)^{2}d_{ik}^{2}$$

$$\tag{3.18}$$

当 $d_{ik}\geqslant0$ 时，船舶在第 k 个护舷处沿 y 轴正方向产生位移，护舷与轮船不接触，应变能为

$$U_{md}=0 \tag{3.19}$$

3.3　外力对船舶所做的功

系泊于码头的船舶所受到的外力主要有风、波浪、海流、重力和浮力，下面

将分别给出上述外力相对于船舶固定位置所做的功[56~58]。

(1) 风荷载对船舶所做的功

风对船舶所做的功可表示为

$$W^{\text{wind}} = W_x^{\text{wind}} + W_y^{\text{wind}} + W_{\theta z}^{\text{wind}} \qquad (3.20)$$

式中，W^{wind} 为风对船舶所做的功；W_x^{wind}，W_y^{wind}，$W_{\theta z}^{\text{wind}}$ 为风对船舶纵向、横向和首摇方向所做的功，分别表示为

$$W_x^{\text{wind}} = \frac{1}{2} C_{xw} \rho_w V_w^2 \cos^2 \alpha A_T u_{cx}$$

$$W_y^{\text{wind}} = \frac{1}{2} C_{yw} \rho_w V_w^2 \sin^2 \alpha A_L u_{cy}$$

$$W_{\theta z}^{\text{wind}} = \frac{1}{2} C_{xyw} \rho_w V_w^2 \sin^2 \alpha A_L L_w \theta_{cz}$$

式中，C_{xw}，C_{yw}，C_{xyw} 分别为纵向风力系数、横向风力系数和首摇风力矩系数；ρ_w 为空气密度；V_w 为设计风速；A_T，A_L 分别为纵向受风面积和横向受风面积；α 为风向角；L_w 为水线处船长。

(2) 水流荷载对船舶所做的功

水流对船舶所做的功可表示为

$$W^{\text{current}} = W_x^{\text{current}} + W_y^{\text{current}} \qquad (3.21)$$

式中，W^{current} 为水流对船舶所做的功；W_x^{current}，W_y^{current} 分别为水流对船舶纵向、横向所做的功，由下式计算：

$$W_x^{\text{current}} = \frac{1}{2} C_{xc} \rho_c V_c^2 \cos^2 \beta A_{cT} u_{cx}$$

$$W_y^{\text{wind}} = \frac{1}{2} C_{yc} \rho_c V_c^2 \sin^2 \beta A_{cL} u_{cy}$$

式中，C_{xc}，C_{yc} 分别为纵向水流力系数和横向水流力系数；ρ_c 为海水密度；V_c 为设计流速；β 为水流方向角；A_{cT}，A_{cL} 分别为水面以下船体纵向投影面积和横向投影面积。

(3) 波浪荷载对船舶所做的功

波浪对船舶所做的功可表示为

$$W^{\text{wave}} = W_x^{\text{wave}} + W_y^{\text{wave}} \qquad (3.22)$$

式中，W^{wave} 为波浪对船舶所做的功；W_x^{wave}，W_y^{wave} 分别为波浪对船舶纵向、横向所做的功，由下式计算：

$$W_{\mathrm{x}}^{\mathrm{wave}} = C_{\mathrm{mx}} \frac{\pi \cos\alpha}{8} D^2 \rho_{\mathrm{w}} g H u_{\mathrm{cx}} \frac{\sinh\left(2\pi \dfrac{h}{L}\right) - \sinh\left(2\pi \dfrac{h-d}{L}\right)}{\cosh\left(2\pi \dfrac{h}{L}\right)}$$

$$W_{\mathrm{y}}^{\mathrm{wave}} = C_{\mathrm{my}} \frac{\pi \sin\alpha}{8} D^2 \rho_{\mathrm{w}} g H u_{\mathrm{cy}} \frac{\sinh\left(2\pi \dfrac{h}{L}\right) - \sinh\left(2\pi \dfrac{h-d}{L}\right)}{\cosh\left(2\pi \dfrac{h}{L}\right)}$$

式中，C_{mx}，C_{my} 分别为 x，y 轴方向的惯性力系数；h 为水深；d 为吃水深度；D 为沿波浪前进方向的船体掩蔽宽度；α 为波浪的入射角；L 为水深为 h 时入射波的波长；H 为入射波的波高。

（4）重力和浮力对船舶所做的功

当船舶处于静止状态时，所受的重力与浮力相等，为

$$F_0^{\mathrm{buoyan}} = W = \rho_{\mathrm{c}} A_{\mathrm{w}} T g \tag{3.23}$$

式中，F_0^{buoyan} 为船体初始状态时受到的浮力；W 为船体所受重力；A_{w} 为水线面面积（m）；T 为船体原吃水深度（m）。

当船舶相对于固定坐标系原点产生竖向位移 u_{cz} 时，船舶所受的浮力变为

$$F_1^{\mathrm{buoyan}} = \rho_{\mathrm{c}} A_{\mathrm{w}} (T - u_{\mathrm{cz}}) g \tag{3.24}$$

式中，F_1^{buoyan} 为船体运动后所受到的浮力。

在这一过程中，浮力的变化值为

$$\Delta F^{\mathrm{buoyan}} = W - F_1^{\mathrm{buoyan}} = F_0^{\mathrm{buoyan}} - F_1^{\mathrm{buoyan}} = \rho_{\mathrm{c}} A_{\mathrm{w}} u_{\mathrm{cz}} g$$

重力与浮力的合力做的功为

$$W_{\mathrm{G-F}} = -\frac{1}{2} \rho_{\mathrm{c}} A_{\mathrm{w}} g u_{\mathrm{cz}}^2 \tag{3.25}$$

（5）回复力做的功

船舶具有 6 个方向自由度，当船舶绕轴 x'，y' 轴分别旋转 θ_{cx}，θ_{cy} 时，回复力对船舶做的功为

$$W^{\mathrm{rest}} = W_{\theta\mathrm{x}}^{\mathrm{rest}} + W_{\theta\mathrm{y}}^{\mathrm{rest}} \tag{3.26}$$

式中，W^{rest} 为回复力对船舶所做的功；$W_{\theta\mathrm{x}}^{\mathrm{rest}}$，$W_{\theta\mathrm{y}}^{\mathrm{rest}}$ 分别为横向和纵向回复力对船舶所做的功，分别按下式计算：

$$W_{\theta\mathrm{x}}^{\mathrm{rest}} = -\frac{1}{2} W \cdot GM_{\mathrm{T}} \cdot \theta_{\mathrm{cx}}^2$$

$$W_{\theta\mathrm{y}}^{\mathrm{rest}} = -\frac{1}{2} W \cdot GM_{\mathrm{L}} \cdot \theta_{\mathrm{cy}}^2$$

式中，W 为船体所受重力；GM_{T}、GM_{L} 分别为船舶横稳心高度和纵稳心

高度。

3.4　系泊船舶的势能

3.4.1　最小势能原理

根据能量守恒原理[94]，可变形物体受外力作用而变形时，外力在相应位移上所做的功，在数值上等于积蓄在物体内的应变能。所以，系泊船舶所遭受的外部环境荷载对船舶做的功等于积累在缆绳、系船墩和护舷、靠船墩内的应变能。定义结构在可能位移状态下的势能 E_p 为下面两部分的能量之和

$$E_p = U + U_p \tag{3.27}$$

式中，U 为结构在可能位移状态下的应变能；U_p 为结构的荷载势能。根据势能驻值原理，在结构所有可能的位移中，真实的位移使势能为驻值。

当船舶产生位移时，缆绳和护舷均将发生变形，则整个系统变形状态相对于未变形状态的势能可表示为

$$\Pi = U - \sum_{i=1}^{n} P_i \delta_i \tag{3.28}$$

即

$$\Pi = U_d + U_{md} + U_{rope} + U_{fend} - W^{wind} - W^{current} - W^{wave} - W_{G\text{-}F} - W^{rest}$$

根据最小势能原理

$$\frac{\partial \Pi}{\partial u_{cx}} = 0, \frac{\partial \Pi}{\partial u_{cy}} = 0, \frac{\partial \Pi}{\partial u_{cz}} = 0, \frac{\partial \Pi}{\partial \theta_x} = 0, \frac{\partial \Pi}{\partial \theta_y} = 0, \frac{\partial \Pi}{\partial \theta_z} = 0 \tag{3.29}$$

将第 3.2 节和第 3.3 节中 U_{rope}、U_{fend}、W^{wind}、$W^{current}$、W^{wave}、$W_{G\text{-}F}$、W^{rest} 的计算公式分别对 u_{cx}，u_{cy}，u_{cz}，θ_{cx}，θ_{cy}，θ_{cz} 求偏导数，然后代入公式（3.29）即可得到 6 个关于 u_{cx}，u_{cy}，u_{cz}，θ_{cx}，θ_{cy}，θ_{cz} 的方程组。

3.4.2　各种应变能的偏导数

（1）缆绳应变能的偏导数

$$\frac{\partial U_r}{\partial u_{cx}} = \sum_{k=1}^{n} \frac{E_k A_k}{L_{0k}}(C)\left[\cos\phi_{xk}\left(1 - \frac{\partial u_{xjk}}{\partial u_{cx}}\right) + \cos\phi_{yk}\left(-\frac{\partial u_{yjk}}{\partial u_{cx}}\right)\right]$$

$$\frac{\partial U_r}{\partial u_{cy}} = \sum_{k=1}^{n} \frac{E_k A_k}{L_{0k}}(C)\left[\cos\phi_{xk}\left(-\frac{\partial u_{xjk}}{\partial u_{cy}}\right) + \cos\phi_{yk}\left(1 - \frac{\partial u_{yjk}}{\partial u_{cy}}\right)\right]$$

$$\frac{\partial U_r}{\partial u_{cz}} = \sum_{k=1}^{n} \frac{E_k A_k}{L_{0k}}(C)\left[\cos\phi_{xk}\left(-\frac{\partial u_{xjk}}{\partial u_{cz}}\right) + \cos\phi_{yk}\left(-\frac{\partial u_{yjk}}{\partial u_{cz}}\right) + \cos\phi_{zk} \cdot 1\right]$$

35

$$\frac{\partial U_r}{\partial \theta_{cx}} = \sum_{k=1}^{n} \frac{E_k A_k}{L_{0k}}(C) \left[\cos\phi_{xk}\left(-\frac{\partial u_{xjk}}{\partial \theta_{cx}}\right) + \cos\phi_{yk}\left(-c_{zk} - \frac{\partial u_{yjk}}{\partial \theta_{cx}}\right) + \cos\phi_{zk} \cdot c_{yk} \right]$$

$$\frac{\partial U_r}{\partial \theta_{cy}} = \sum_{k=1}^{n} \frac{E_k A_k}{L_{0k}}(C) \left[\cos\phi_{xk}\left(c_{zk} - \frac{\partial u_{xjk}}{\partial \theta_{cy}}\right) + \cos\phi_{yk}\left(-\frac{\partial u_{yjk}}{\partial \theta_{cy}}\right) + \cos\phi_{zk} \cdot (-c_{xk}) \right]$$

$$\frac{\partial U_r}{\partial \theta_{cz}} = \sum_{k=1}^{n} \frac{E_k A_k}{L_{0k}}(C) \left[\cos\phi_{xk}\left(-c_{yk} - \frac{\partial u_{xjk}}{\partial \theta_{cz}}\right) + \cos\phi_{yk}\left(c_{xk} - \frac{\partial u_{yjk}}{\partial \theta_{cz}}\right) \right]$$

其中

$$C = \cos\phi_{xk}(u_{xik} - u_{xjk}) + \cos\phi_{yk}(u_{yik} - u_{yjk}) + \cos\phi_{zk} u_{zik}$$

（2）系船墩应变能的偏导数

$$\frac{\partial U_d}{\partial u_{cx}} = \sum_{k=1}^{n} \left(K_{xdk} u_{xjk} \frac{\partial u_{xjk}}{\partial u_{cx}} + K_{ydk} u_{yjk} \frac{\partial u_{yjk}}{\partial u_{cx}} \right)$$

$$\frac{\partial U_d}{\partial u_{cy}} = \sum_{k=1}^{n} \left(K_{xdk} u_{xjk} \frac{\partial u_{xjk}}{\partial u_{cy}} + K_{ydk} u_{yjk} \frac{\partial u_{yjk}}{\partial u_{cy}} \right)$$

$$\frac{\partial U_d}{\partial u_{cz}} = \sum_{k=1}^{n} \left(K_{xdk} u_{xjk} \frac{\partial u_{xjk}}{\partial u_{cz}} + K_{ydk} u_{yjk} \frac{\partial u_{yjk}}{\partial u_{cz}} \right)$$

$$\frac{\partial U_d}{\partial \theta_{cx}} = \sum_{k=1}^{n} \left(K_{xdk} u_{xjk} \frac{\partial u_{xjk}}{\partial \theta_{cx}} + K_{ydk} u_{yjk} \frac{\partial u_{yjk}}{\partial \theta_{cx}} \right)$$

$$\frac{\partial U_d}{\partial \theta_{cy}} = \sum_{k=1}^{n} \left(K_{xdk} u_{xjk} \frac{\partial u_{xjk}}{\partial \theta_{cy}} + K_{ydk} u_{yjk} \frac{\partial u_{yjk}}{\partial \theta_{cy}} \right)$$

$$\frac{\partial U_d}{\partial \theta_{cz}} = \sum_{k=1}^{n} \left(K_{xdk} u_{xjk} \frac{\partial u_{xjk}}{\partial \theta_{cz}} + K_{ydk} u_{yjk} \frac{\partial u_{yjk}}{\partial \theta_{cz}} \right)$$

其中缆绳和系船墩应变能两个方程组中系船墩位移的偏导数为

$$\frac{\partial u_{xjk}}{\partial u_{cx}} = \left[k_k \cos^2\phi_{xk} - \frac{k_k \cos\phi_{xk} \cos\phi_{yk}}{K_{ydk} + k_k \cos^2\phi_{yk}}(k_k \cos\phi_{xk} \cos\phi_{yk}) \right]/D$$

$$\frac{\partial u_{xjk}}{\partial u_{cy}} = \left[k_k \cos\phi_{xk} \cos\phi_{yk} - \frac{k_k \cos\phi_{xk} \cos\phi_{yk}}{K_{ydk} + k_k \cos^2\phi_{yk}}(k_k \cos^2\phi_{yk}) \right]/D$$

$$\frac{\partial u_{xjk}}{\partial u_{cz}} = \left[k_k \cos\phi_{xk} \cos\phi_{zk} - \frac{k_k \cos\phi_{xk} \cos\phi_{yk}}{K_{ydk} + k_k \cos^2\phi_{yk}}(k_k \cos\phi_{yk} \cos\phi_{zk}) \right]/D$$

$$\frac{\partial u_{xjk}}{\partial \theta_{cx}} = \left\{ \begin{array}{l} [k_k \cos\phi_{xk} \cos\phi_{yk}(-c_{zk}) + k_k \cos\phi_{xk} \cos\phi_{zk} c_{yk}] \\ -\frac{k_k \cos\phi_{xk} \cos\phi_{yk}}{K_{ydk} + k_k \cos^2\phi_{yk}}[k_k \cos^2\phi_{yk}(-c_{zk}) + k_k \cos\phi_{yk} \cos\phi_{zk} c_{yk}] \end{array} \right\}/D$$

$$\frac{\partial u_{xjk}}{\partial \theta_{cy}} = \left\{ \begin{array}{l} [k_k \cos^2\phi_{xk} c_{zk} + k_k \cos\phi_{xk} \cos\phi_{zk}(-c_{xk})] \\ -\frac{k_k \cos\phi_{xk} \cos\phi_{yk}}{K_{ydk} + k_k \cos^2\phi_{yk}}[k_k \cos\phi_{xk} \cos\phi_{yk} c_{zk} + k_k \cos\phi_{yk} \cos\phi_{zk}(-c_{xk})] \end{array} \right\}/D$$

$$\frac{\partial u_{xjk}}{\partial \theta_{cz}} = \left\{ \begin{array}{l} [k_k \cos^2\phi_{xk}(-c_{yk}) + k_k \cos\phi_{xk} \cos\phi_{yk} c_{xk}] \\ -\frac{k_k \cos\phi_{xk} \cos\phi_{yk}}{K_{ydk} + k_k \cos^2\phi_{yk}}[k_k \cos\phi_{xk} \cos\phi_{yk}(-c_{yk}) + k_k \cos^2\phi_{yk} c_{xk}] \end{array} \right\}/D$$

$$\frac{\partial u_{yjk}}{\partial u_{cx}} = \left[k_k \cos\phi_{xk}\cos\phi_{yk} - \frac{k_k\cos\phi_{xk}\cos\phi_{yk}}{K_{xdk}+k_k\cos^2\phi_{xk}}\left(k_k\cos^2\phi_{xk}\right)\right]/E$$

$$\frac{\partial u_{yjk}}{\partial u_{cy}} = \left[k_k \cos^2\phi_{yk} - \frac{k_k\cos\phi_{xk}\cos\phi_{yk}}{K_{xdk}+k_k\cos^2\phi_{xk}}\left(k_k\cos\phi_{xk}\cos\phi_{yk}\right)\right]/E$$

$$\frac{\partial u_{yjk}}{\partial u_{cz}} = \left[k_k \cos\phi_{yk}\cos\phi_{zk} - \frac{k_k\cos\phi_{xk}\cos\phi_{yk}}{K_{xdk}+k_k\cos^2\phi_{xk}}\left(k_k\cos\phi_{xk}\cos\phi_{zk}\right)\right]/E$$

$$\frac{\partial u_{yjk}}{\partial \theta_{cx}} = \left\{ \begin{array}{c} \left[k_k\cos^2\phi_{yk}(-c_{zk})+k_k\cos\phi_{yk}\cos\phi_{zk}c_{yk}\right] \\ -\dfrac{k_k\cos\phi_{xk}\cos\phi_{yk}}{K_{xdk}+k_k\cos^2\phi_{xk}}\left[k_k\cos\phi_{xk}\cos\phi_{yk}(-c_{zk})+k_k\cos\phi_{xk}\cos\phi_{zk}c_{yk}\right] \end{array}\right\}/E$$

$$\frac{\partial u_{yjk}}{\partial \theta_{cy}} = \left\{ \begin{array}{c} \left[k_k\cos\phi_{xk}\cos\phi_{yk}c_{zk}+k_k\cos\phi_{yk}\cos\phi_{zk}(-c_{xk})\right] \\ -\dfrac{k_k\cos\phi_{xk}\cos\phi_{yk}}{K_{xdk}+k_k\cos^2\phi_{xk}}\left[k_k\cos^2\phi_{xk}c_{zk}+k_k\cos\phi_{xk}\cos\phi_{zk}(-c_{xk})\right] \end{array}\right\}/E$$

$$\frac{\partial u_{yjk}}{\partial \theta_{cz}} = \left\{ \begin{array}{c} \left[k_k\cos\phi_{xk}\cos\phi_{yk}(-c_{yk})+k_k\cos^2\phi_{yk}c_{xk}\right] \\ -\dfrac{k_k\cos\phi_{xk}\cos\phi_{yk}}{K_{xdk}+k_k\cos^2\phi_{xk}}\left[k_k\cos^2\phi_{xk}(-c_{yk})+k_k\cos\phi_{xk}\cos\phi_{yk}c_{xk}\right] \end{array}\right\}/E$$

其中

$$D = \left(K_{xdk}+k_k\cos^2\phi_{xk} - \frac{k_k\cos^2\phi_{xk}\cos^2\phi_{yk}}{K_{ydk}+k_k\cos^2\phi_{yk}}\right)$$

$$E = \left(K_{ydk}+k_k\cos^2\phi_{yk} - \frac{k_k\cos^2\phi_{xk}\cos^2\phi_{yk}}{K_{xdk}+k_k\cos^2\phi_{xk}}\right)$$

（3）护舷应变能的偏导数

$$\frac{\partial U_f}{\partial u_{cx}} = \sum_{k=1}^{m} K_{yfk}\left(\frac{K_{ymdk}}{K_{yfk}+K_{ymdk}}\right)^2 \cdot d_{ik} \cdot \theta_{cz}$$

$$\frac{\partial U_f}{\partial u_{cy}} = -\sum_{k=1}^{m} K_{yfk}\left(\frac{K_{ymdk}}{K_{yfk}+K_{ymdk}}\right)^2 \cdot d_{ik}$$

$$\frac{\partial U_f}{\partial u_{cz}} = -\sum_{k=1}^{m} K_{yfk}\left(\frac{K_{ymdk}}{K_{yfk}+K_{ymdk}}\right)^2 \cdot d_{ik} \cdot \theta_{cx}$$

$$\frac{\partial U_f}{\partial \theta_{cx}} = \sum_{k=1}^{m} K_{yfk}\left(\frac{K_{ymdk}}{K_{yfk}+K_{ymdk}}\right)^2 \cdot d_{ik} \cdot (r_{zk}-u_{cz})$$

$$\frac{\partial U_f}{\partial \theta_{cy}} = 0$$

$$\frac{\partial U_f}{\partial \theta_{cz}} = -\sum_{k=1}^{m} K_{yfk}\left(\frac{K_{ymdk}}{K_{yfk}+K_{ymdk}}\right)^2 \cdot d_{ik} \cdot (r_{xk}-u_{cx})$$

由于 $d_{ik} \cdot \theta_{cz}$ 和 $d_{ik} \cdot \theta_{cx}$ 为两个小量的乘积，所以可近似取

$$\frac{\partial U_f}{\partial u_{cx}} = 0, \quad \frac{\partial U_f}{\partial u_{cz}} = 0$$

（4）靠船墩应变能的偏导数

$$\frac{\partial U_{\mathrm{md}}}{\partial u_{\mathrm{cx}}} = \sum_{k=1}^{m} K_{\mathrm{ymd}k} \left(\frac{K_{\mathrm{yf}k}}{K_{\mathrm{yf}k}+K_{\mathrm{ymd}k}}\right)^2 \cdot d_{ik} \cdot \theta_{\mathrm{cz}}$$

$$\frac{\partial U_{\mathrm{md}}}{\partial u_{\mathrm{cy}}} = -\sum_{k=1}^{m} K_{\mathrm{ymd}k} \left(\frac{K_{\mathrm{yf}k}}{K_{\mathrm{yf}k}+K_{\mathrm{ymd}k}}\right)^2 \cdot d_{ik}$$

$$\frac{\partial U_{\mathrm{md}}}{\partial u_{\mathrm{cz}}} = -\sum_{k=1}^{m} K_{\mathrm{ymd}k} \left(\frac{K_{\mathrm{yf}k}}{K_{\mathrm{yf}k}+K_{\mathrm{ymd}k}}\right)^2 \cdot d_{ik} \cdot \theta_{\mathrm{cx}}$$

$$\frac{\partial U_{\mathrm{md}}}{\partial \theta_{\mathrm{cx}}} = \sum_{k=1}^{m} K_{\mathrm{ymd}k} \left(\frac{K_{\mathrm{yf}k}}{K_{\mathrm{yf}k}+K_{\mathrm{ymd}k}}\right)^2 \cdot d_{ik} \cdot (r_{zk}-u_{\mathrm{cz}})$$

$$\frac{\partial U_{\mathrm{md}}}{\partial \theta_{\mathrm{cy}}} = 0$$

$$\frac{\partial U_{\mathrm{md}}}{\partial \theta_{\mathrm{cz}}} = -\sum_{k=1}^{m} K_{\mathrm{ymd}k} \left(\frac{K_{\mathrm{yf}k}}{K_{\mathrm{yf}k}+K_{\mathrm{ymd}k}}\right)^2 \cdot d_{ik} \cdot (r_{xk}-u_{\mathrm{cx}})$$

由于 $d_i \cdot \theta_{\mathrm{cz}}$ 和 $d_i \cdot \theta_{\mathrm{cx}}$ 为两个小量的乘积，所以可近似取

$$\frac{\partial U_{\mathrm{md}}}{\partial u_{\mathrm{cx}}} = 0, \quad \frac{\partial U_{\mathrm{md}}}{\partial u_{\mathrm{cz}}} = 0$$

（5）风对船舶做功的偏导数

$$\frac{\partial W^{\mathrm{wind}}}{\partial u_{\mathrm{cx}}} = \frac{1}{2} C_{\mathrm{xw}} \rho_{\mathrm{w}} V_{\mathrm{w}}^2 \cos^2\alpha A_{\mathrm{wx}}, \quad \frac{\partial W^{\mathrm{wind}}}{\partial u_{\mathrm{cy}}} = \frac{1}{2} C_{\mathrm{yw}} \rho_{\mathrm{w}} V_{\mathrm{w}}^2 \sin^2\alpha A_{\mathrm{wy}}$$

$$\frac{\partial W^{\mathrm{wind}}}{\partial u_{\mathrm{cz}}} = 0, \quad \frac{\partial W^{\mathrm{wind}}}{\partial \theta_{\mathrm{cx}}} = 0, \quad \frac{\partial W^{\mathrm{wind}}}{\partial \theta_{\mathrm{cy}}} = 0$$

$$\frac{\partial W^{\mathrm{wind}}}{\partial \theta_{\mathrm{cz}}} = \frac{1}{2} C_{\mathrm{xyw}} \rho_{\mathrm{w}} V_{\mathrm{w}}^2 \sin^2\alpha A_{\mathrm{wy}} L_{\mathrm{BP}}$$

（6）水流对船舶做功的偏导数

$$\frac{\partial W^{\mathrm{current}}}{\partial u_{\mathrm{cx}}} = \frac{1}{2} C_{\mathrm{xc}} \rho_{\mathrm{c}} V_{\mathrm{c}}^2 \cos^2\beta A_{\mathrm{cx}}, \quad \frac{\partial W^{\mathrm{current}}}{\partial u_{\mathrm{cy}}} = \frac{1}{2} C_{\mathrm{yc}} \rho_{\mathrm{c}} V_{\mathrm{c}}^2 \sin^2\beta A_{\mathrm{cy}}$$

$$\frac{\partial W^{\mathrm{current}}}{\partial u_{\mathrm{cz}}} = 0, \quad \frac{\partial W^{\mathrm{current}}}{\partial \theta_{\mathrm{cx}}} = 0, \quad \frac{\partial W^{\mathrm{current}}}{\partial \theta_{\mathrm{cy}}} = 0$$

$$\frac{\partial W^{\mathrm{current}}}{\partial \theta_{\mathrm{cz}}} = \frac{1}{2} C_{\mathrm{xyc}} \rho_{\mathrm{c}} V_{\mathrm{c}}^2 \sin^2\alpha A_{\mathrm{cy}} L_{\mathrm{BP}}$$

（7）波浪对船舶做功的偏导数

$$\frac{\partial W^{\mathrm{wave}}}{\partial u_{\mathrm{cx}}} = C_{\mathrm{mx}} \frac{\pi\cos\alpha}{8} D^2 \rho_{\mathrm{w}} g H \frac{\sinh\left(2\pi\frac{h}{L}\right) - \sinh\left(2\pi\frac{h-d}{L}\right)}{\cosh\left(2\pi\frac{h}{L}\right)}$$

$$\frac{\partial W^{\mathrm{wave}}}{\partial u_{\mathrm{cy}}} = C_{\mathrm{my}} \frac{\pi\sin\alpha}{8} D^2 \rho_{\mathrm{w}} g H \frac{\sinh\left(2\pi\frac{h}{L}\right) - \sinh\left(2\pi\frac{h-d}{L}\right)}{\cosh\left(2\pi\frac{h}{L}\right)}$$

$$\frac{\partial W^{\mathrm{wave}}}{\partial u_{\mathrm{cz}}} = 0, \quad \frac{\partial W^{\mathrm{wave}}}{\partial \theta_{\mathrm{cx}}} = 0, \quad \frac{\partial W^{\mathrm{wave}}}{\partial \theta_{\mathrm{cy}}} = 0, \quad \frac{\partial W^{\mathrm{wave}}}{\partial \theta_{\mathrm{cz}}} = 0$$

（8）重力和浮力对船舶做功的偏导数

$$\frac{\partial W_{\mathrm{G\_F}}}{\partial u_{\mathrm{cz}}} = -\rho_{\mathrm{c}} A_{\mathrm{w}} g u^{\mathrm{cz}}$$

$$\frac{\partial W_{\mathrm{G\_F}}}{\partial u_{\mathrm{cx}}} = \frac{\partial W_{\mathrm{G\_F}}}{\partial u_{\mathrm{cy}}} = \frac{\partial W_{\mathrm{G\_F}}}{\partial \theta_{\mathrm{cx}}} = \frac{\partial W_{\mathrm{G\_F}}}{\partial \theta_{\mathrm{cy}}} = \frac{\partial W_{\mathrm{G\_F}}}{\partial \theta_{\mathrm{cz}}} = 0$$

（9）回复力对船舶做功的偏导数

$$\frac{\partial W^{\mathrm{rest}}}{\partial \theta_{\mathrm{cx}}} = -W \cdot GM_{\mathrm{T}} \cdot \theta_{\mathrm{cx}}, \qquad \frac{\partial W^{\mathrm{rest}}}{\partial \theta_{\mathrm{cy}}} = -W \cdot GM_{\mathrm{T}} \cdot \theta_{\mathrm{cy}}$$

$$\frac{\partial W^{\mathrm{rest}}}{\partial u_{\mathrm{cx}}} = \frac{\partial W^{\mathrm{rest}}}{\partial u_{\mathrm{cy}}} = \frac{\partial W^{\mathrm{rest}}}{\partial u_{\mathrm{cz}}} = \frac{\partial W^{\mathrm{rest}}}{\partial \theta_{\mathrm{cz}}} = 0$$

3.5　方程组求解

将第 3.4.2 节中所求的偏导数代入式（3.29）可得到 6 个关于船舶重心处位移 u_{cx}，u_{cy}，u_{cz} 和 θ_{cx}，θ_{cy}，θ_{cz} 的方程，由于方程组数目与未知量数目相同，所以方程有唯一解。由于方程是非线性的，本章采用优化方法求其一组实数解，为此引入目标函数

$$Q(u_{\mathrm{cx}}, u_{\mathrm{cy}}, u_{\mathrm{cz}}, \theta_{\mathrm{cx}}, \theta_{\mathrm{cy}}, \theta_{\mathrm{cz}}) = \sum_{i=1}^{n} \beta_i f_i^2 (u_{\mathrm{cx}}, u_{\mathrm{cy}}, u_{\mathrm{cz}}, \theta_{\mathrm{cx}}, \theta_{\mathrm{cy}}, \theta_{\mathrm{cz}})$$

式中，β_i 为权系数，通常取 1；n 为方程的个数，等于 6。

令 ε 为给定的精度（如 $\varepsilon = 10^{-5}$），当 $Q(u_{\mathrm{cx}}^*, u_{\mathrm{cy}}^*, u_{\mathrm{cz}}^*, \theta_{\mathrm{cx}}^*, \theta_{\mathrm{cy}}^*, \theta_{\mathrm{cz}}^*) \leqslant \varepsilon$ 时，则 u_{cx}^*，u_{cy}^*，u_{cz}^*，θ_{cx}^*，θ_{cy}^*，θ_{cz}^* 看作是方程组的一组实数解。本章用可变多面体方法[95]来寻求上面多元函数的极小值。该方法的基本思路是：在 n 维空间 E^n 中构造具有 $n+1$ 个顶点的多面体，选取其中目标函数值为最大的顶点，通过其他顶点的重心进行映射，希望得到较小目标函数值的顶点，来构造新的多面体。若通过映射得不到较好的顶点，可将原多面体进行压缩得到新的多面体，重新进行映射来改变多面体的顶点。

3.6　算例

某船舶为 5wDWT 散货船，基本参数如表 3.1 所示。

5wDWT 散货船的基本参数　　　　　　　　　　　　　　　　表 3.1

项目名称	单位	数据	项目名称	单位	数据
总长	m	216.0	垂线间长	m	206.25
型宽	m	32.0	重心高度	m	9.01
型深	m	16.2	横向惯性半径	m	8.87
吃水	m	12.0	纵向惯性半径	m	51.56
排水体积	m³	67238	重心纵向位置	m	3.44

用 6 根直径为 80mm 的尼龙缆绳将轮船固定在系船墩上，护舷采用 $H1600$ 鼓形橡胶护舷。缆绳和护舷的布置方式如图 3.4 所示。

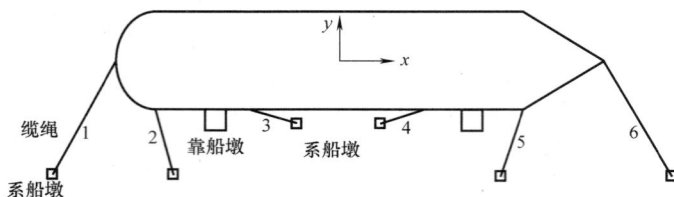

图 3.4 码头系泊方式

导缆孔和系船柱的位置如表 3.2 所示；护舷的位置如表 3.3 所示，海洋环境条件如表 3.4 所示，环境荷载计算结果如表 3.5 所示。

导缆孔与系缆桩位置　　　　　　　　　　　　表 3.2

缆绳号	导缆孔坐标(m)			系缆桩坐标(m)		
	x	y	z	x	y	z
1	−108	0.0	7.19	−120	−40	4.5
2	−100	−16.0	7.19	−90	−40	4.5
3	−50	−16.0	7.19	−30	−26	4.5
4	50	−16.0	7.19	30	−26	4.5
5	100	−16.0	7.19	90	−40	4.5
6	108	0.0	7.19	120	−40	4.5

护舷位置　　　　　　　　　　　　表 3.3

护舷号	护舷坐标(m)		
	x	y	z
1	−80.0	−16.0	4.0
2	80.0	−16.0	4.0

海洋环境条件　　　　　　　　　　　　表 3.4

环境荷载	水流荷载		风荷载	
	与 x 轴夹角	流速(m/s)	与 x 轴夹角	风速(m/s)
海洋环境1	90°	0.5	90°	20
海洋环境2	45°	1.5	45°	30

海洋环境荷载计算结果　　　　　　　　　　　　表 3.5

项目	海洋环境1		海洋环境2		
	$F_x(t)$	$F_y(t)$	$F_x(t)$	$F_y(t)$	$M_z(t \cdot m)$
水流荷载	0.0	218.2	17.3	316.4	0.0
风荷载	0.0	43.1	16.5	62.7	2257.2
总荷载	0.0	261.3	33.8	379.1	2257.2

利用以上数据和本章的计算分析，得到在图 3.3 系泊方式下，缆绳张力随缆

绳与系船墩刚度比的变化，海洋环境 1 情况下的系缆力与刚度比的关系如图 3.5 所示；海洋环境 2 情况下的系缆力与刚度比的关系如图 3.6 所示。

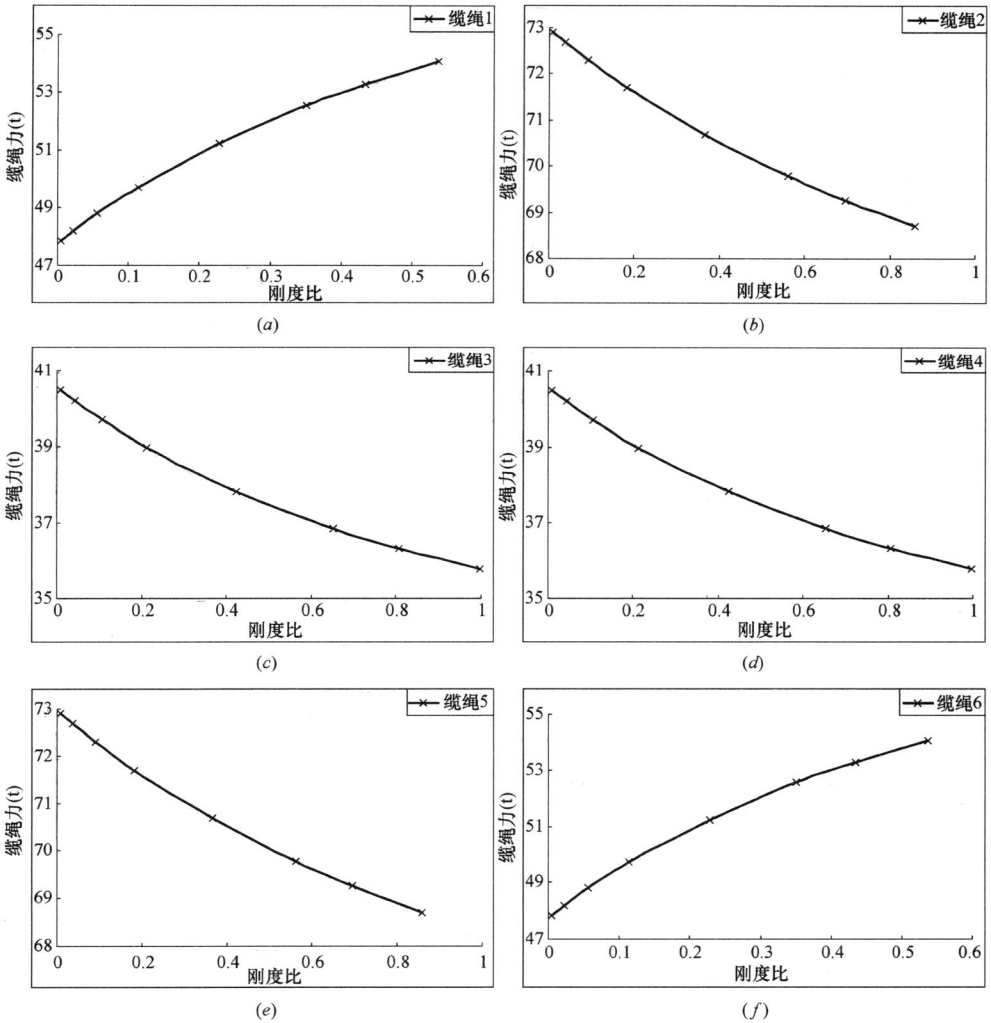

图 3.5 海洋环境 1 作用下系缆力的变化

（a）缆绳 1 张力与刚度比的关系；（b）缆绳 2 张力与刚度比的关系；
（c）缆绳 3 张力与刚度比的关系；（d）缆绳 4 张力与刚度比的关系；
（e）缆绳 5 张力与刚度比的关系；（f）缆绳 6 张力与刚度比的关系

由图 3.5（a）～（e）可看出在海洋环境 1 下，刚度比从 0～1 变化时系缆力的变化幅度分别为：1 号缆绳为 13%，2 号缆绳为 5.8%，3 号缆绳为 11.6%，4

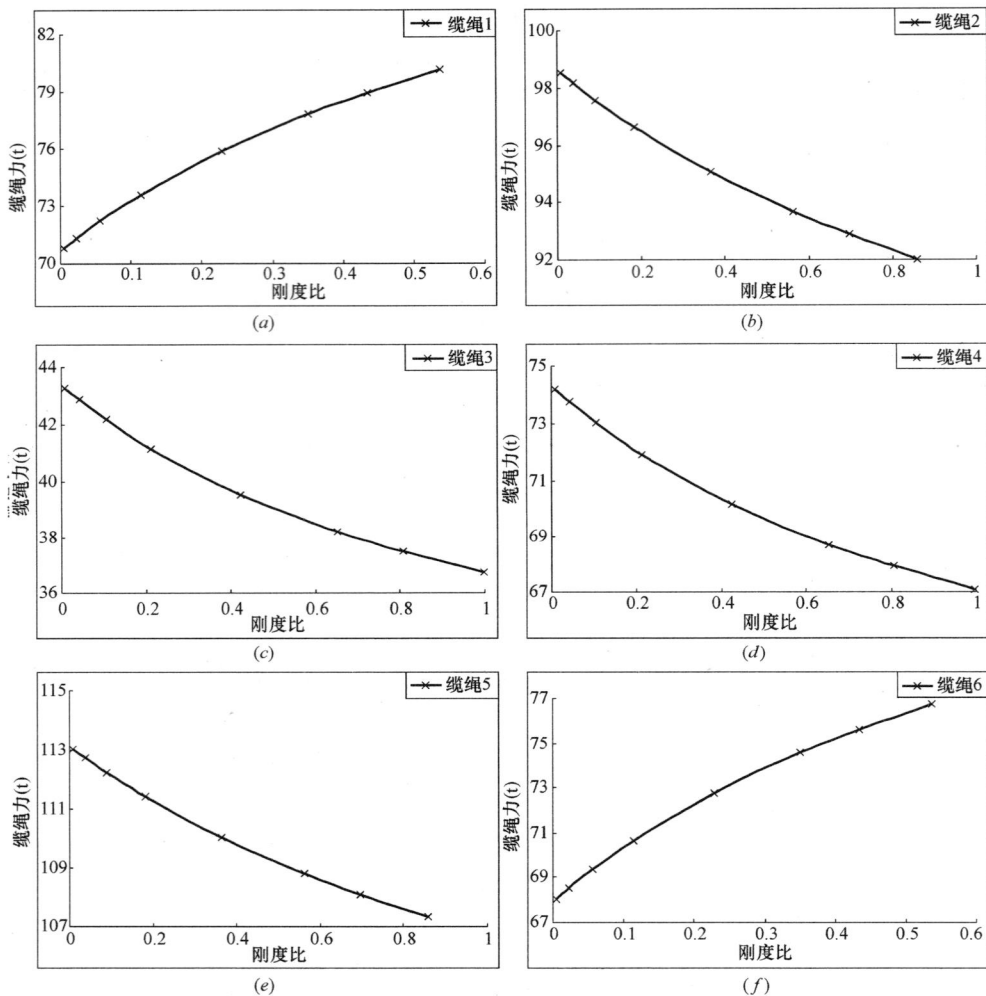

图 3.6　海洋环境 2 作用下系缆力的变化

（*a*）缆绳 1 张力与刚度比的关系；（*b*）缆绳 2 张力与刚度比的关系；
（*c*）缆绳 3 张力与刚度比的关系；（*d*）缆绳 4 张力与刚度比的关系；
（*e*）缆绳 5 张力与刚度比的关系；（*f*）缆绳 6 张力与刚度比的关系

号缆绳为 11.6％，5 号缆绳为 5.8％，6 号缆绳为 13％；由图 3.6（*a*）～（*e*）可看出在海洋环境 2 下，刚度比从 0～1 变化时每根系缆力的变化幅度分别为：1 号缆绳为 12.2％，2 号缆绳为 6.6％，3 号缆绳为 13.1％，4 号缆绳为 9.8％，5 号缆绳为 5.0％，6 号缆绳为 12.8％。

3.7　本章小结

本章根据能量守恒原理建立了适用于轻型码头结构的系缆力计算模型，该模型考虑了轻型码头受力后的变形对系缆力造成的影响。在此基础上，确定了与按传统计算方法（不考虑码头变形）相比计算结果的偏差，结果表明系缆力计算模式不确定性系数的均值可以取为 1.0、变异系数取为 0.1。

4　系缆力的统计分析

4.1　引言

由于轻型码头结构与传统的码头结构存在差异性，所以不能完全按照传统的码头结构进行设计，随着轻型码头刚度的变化，在整个系泊系统中，系缆力也将发生变化，因此有必要对轻型码头结构系泊系统缆绳张力进行统计分析，确定系缆力的统计参数和分布类型，为进一步的可靠性分析提供依据。

4.2　系缆力计算

系缆力的计算有多种方法，《港口工程荷载规范》JTJ 215—1998 给出的在风和流作用下的系缆力的计算公式为

$$N = \frac{K}{n}\left[\frac{F_{xw}+F_{xc}}{\sin\alpha\cos\beta} + \frac{F_{yw}+F_{yc}}{\cos\alpha\cos\beta}\right] \tag{4.1}$$

式中，N 为系缆力标准值（kN）；F_{xw}、F_{yw} 分别为作用在船舶上风荷载的横向分力总和与纵向分力总和（kN）；F_{xc}、F_{yc} 分别为水流对船舶作用产生的横向水流力和纵向水流力（kN）；K 为系船柱受力不均匀系数；n 为船舶同时受力的系船柱数目；α 为系船缆的水平投影与平台靠船装置前沿线所成的角度；β 为系船缆与水平面的夹角。

4.3　作用于船舶上风荷载和水流荷载的统计分析

在式（4.1）中，F_{xw}、F_{yw}、F_S 和 F_H 均为随机变量，下面分别对它们的统计特性进行分析。

4.3.1　作用于船舶上的风荷载

（1）风荷载计算

根据《港口工程荷载规范》JTJ 215—1998，作用在船舶上风荷载的横向分力和纵向分力按下面的公式计算

$$F_{xw} = 73.6\times10^{-5}A_{xw}v_{xw}^2\xi \tag{4.2}$$

$$F_{yw} = 49.0 \times 10^{-5} A_{yw} v_{yw}^2 \xi \tag{4.3}$$

式中，F_{xw}、F_{yw} 分别为作用在船舶上的横向风荷载和纵向风荷载（kN）；A_{xw}、A_{yw} 分别为船体水面以上横向和纵向受风面积（m²）；v_{xw}、v_{yw} 分别为设计风速的横向和纵向分量（m/s）；ξ 为风压不均匀折减系数。

在式（4.2）和式（4.3）中，风速 v 和风压不均匀折减系数 ξ 均为随机变量，作用在船舶上的横向风荷载 F_{xw} 的平均值和变异系数可分别表示为

$$\mu_{F_{xw}} = 73.6 \times 10^{-5} A_{xw} \mu_{v_{xw}}^2 \mu_\xi \tag{4.4}$$

$$\delta_{F_{xw}} = \sqrt{4\delta_{v_{xw}}^2 + \delta_\xi^2} \tag{4.5}$$

式中，$\mu_{v_{xw}}$ 为横向风速的平均值；$\delta_{v_{xw}}$ 横向风速的变异系数；对于 ξ，可认为它的标准值等于平均值，变异系数 $\delta_\xi = 0.1$。

横向风荷载的标准值为

$$F_{xwk} = 73.6 \times 10^{-5} A_{xw} v_{xwk}^2 \xi_k \tag{4.6}$$

则由式（4.4）和式（4.6）可得

$$k_{F_{xw}} = \frac{\mu_{F_{xw}}}{F_{xwk}} = \frac{\mu_{v_{xw}}^2}{v_{xwk}^2} \tag{4.7}$$

由式（4.5）和式（4.7）可计算横向风荷载的统计参数。同样纵向分力统计参数为

$$k_{F_{yw}} = \frac{\mu_{F_{yw}}}{F_{ywk}} = \frac{\mu_{v_{yw}}^2}{v_{ywk}^2} \tag{4.8}$$

$$\delta_{F_{yw}} = \sqrt{4\delta_{v_{yw}}^2 + \delta_\xi^2} = \sqrt{4\delta_{v_{yw}}^2 + \delta_\xi^2} \tag{4.9}$$

式中，$\mu_{v_{yw}}$ 为纵向风速的平均值；$\delta_{v_{yw}}$ 为纵向风速的变异系数。

（2）风荷载的统计参数

文献［37］根据渤海海域的风速样本，给出了渤海海域沿岸 13 个海洋站极值风速的统计资料，如表 4.1 所示，重现期 30a 和设计基准期 50a 风速按下面的公式计算。

重现期 30a 风速的计算公式为

$$F(v_p) = 1 - P\{v > v_p\} = 1 - \frac{1}{T}$$

式中，$F(v)$ 为风速 v 的年最大值分布函数；T 为重现期；v_p 为特征值，则

$$v_p = F^{-1}\left(1 - \frac{1}{30}\right) \tag{4.10}$$

风速服从极值 I 型分布，设计基准期 50a 风速的计算公式为

$$v_{50} = v_1 + \frac{\ln 50}{\alpha}, \sigma_{50} = \sigma_1 \tag{4.11}$$

式中，v_1 和 σ_1 分别为年极值风速的平均值和标准差；为 α 为极值 I 型分布参数。

风速统计资料　　　　　　　　　　表 4.1

台站	1a 内的最大风速（m/s）				50a 内的最大风速（m/s）				重现期 30a（m）
	平均值	标准差	α	u	平均值	标准差	α	u	
大鹿岛	22.40	4.959	0.259	20.173	37.504	4.959	0.259	35.277	35.238
小长山	17.84	2.809	0.457	16.577	26.400	2.809	0.457	25.137	25.115
老虎滩	17.34	2.225	0.576	16.339	24.132	2.225	0.576	23.131	23.113
长兴岛	19.14	2.462	0.521	18.028	26.649	2.462	0.521	25.537	25.517
鲅鱼圈	19.38	2.228	0.576	18.379	26.172	2.228	0.576	25.171	25.153
葫芦岛	17.41	2.893	0.443	16.11	26.241	2.893	0.443	24.941	24.918
芷锚湾	14.86	2.8	0.459	13.605	23.383	2.800	0.459	22.128	22.106
秦皇岛	12.51	1.463	0.877	11.853	16.971	1.463	0.877	16.314	16.302
塘沽	17.92	4.223	0.304	16.02	30.788	4.223	0.304	28.888	28.855
龙口	19.78	2.297	0.558	18.743	26.791	2.297	0.558	25.754	25.736
烟台	16.33	2.514	0.51	15.2	24.001	2.514	0.510	22.871	22.851
成山岛	18.19	2.128	0.603	17.235	24.678	2.128	0.603	23.723	23.706
北隍城	25.93	7.562	0.17	22.522	48.942	7.562	0.170	45.534	45.475
均值	18.387	3.120	0.486	16.983	27.896	3.120	0.486	26.493	26.468

由表 4.1 中的数据，使用式（4.6）～式（4.9）可得到 1a 内和 50a 内作用在船舶上最大风荷载的统计参数，如表 4.2 所示。

船体风荷载的统计参数　　　　　　　表 4.2

台站	1a 内的最大荷载		50a 内的最大荷载	
	k_{F_w}	δ_{F_w}	k_{F_w}	δ_{F_w}
大鹿岛	0.424	0.454	1.153	0.282
小长山	0.517	0.330	1.117	0.235
老虎滩	0.572	0.276	1.099	0.209
长兴岛	0.572	0.276	1.100	0.210
鲅鱼圈	0.601	0.251	1.090	0.197
葫芦岛	0.502	0.347	1.122	0.242
芷锚湾	0.468	0.390	1.135	0.259
秦皇岛	0.597	0.254	1.092	0.199
塘沽	0.407	0.481	1.160	0.292
龙口	0.599	0.253	1.092	0.198
烟台	0.523	0.324	1.115	0.232
成山岛	0.597	0.254	1.092	0.199
北隍城	0.353	0.592	1.186	0.325
平均值	0.518	0.344	1.119	0.236

4.3.2　作用于船舶上的水流荷载

（1）水流荷载计算

《港口工程荷载规范》JTJ 215—1998 中规定的水流对船舶产生的横向分力和纵向分力的计算公式为：

$$F_{xc} = C_{xc} \frac{\rho}{2} v_c^2 B' \cos\theta \tag{4.12}$$

$$F_{yc} = C_{yc} \frac{\rho}{2} v_c^2 B' \sin\theta \tag{4.13}$$

式中，F_{xc}、F_{yc} 分别为水流产生的横向水流力和纵向水流力（kN）；C_{xc}、C_{yc} 分别为横向分力系数和纵向分力系数；ρ 为水的密度（t/m³）；B' 为船舶吃水线以下的横向投影面积（m²）；v_c 为水流速度（m/s）；θ 为流向角。

《港口工程荷载规范》JTJ 215—1998 规定水流力横向分力和纵向分力系数按下列公式计算：

$$C_{xc} = a_1 \frac{\pi\theta}{180} + b_1 \tag{4.14}$$

$$C_{yc} = a_2 \frac{\pi\theta}{180} + b_2 \tag{4.15}$$

式中，a_1、b_1、a_2、b_2 为系数，如表 4.3 所示。

系数 *a* 和 *b* 的值   表 4.3

相对水深 d/D	C_{xc}		C_{yc}	
	a_1	b_1	a_2	b_2
1.1	1.70	0.31	1.68	0.47
1.5	1.15	0.05	1.15	0.10

表中：d—船舶前沿水深；D—船舶吃水深度。

在式（4.12）和式（4.13）中，将系数 C_{xc}、C_{yc} 和海流速度 v 作为随机变量来考虑。于是横向水流荷载 F_{xc} 的平均值和变异系数可分别表示为 $\mu_{F_{xc}}$ 和 $\delta_{F_{xc}}$

$$\mu_{F_{xc}} = \mu_{C_{xc}} \frac{\rho}{2} B' \mu_{v_c}^2 \cos\theta \tag{4.16}$$

$$\delta_{F_{xc}} = \sqrt{4\delta_{v_c}^2 + \delta_{C_{xc}}^2} \tag{4.17}$$

式中，$\mu_{C_{xc}}$、$\delta_{C_{xc}}$ 为水流横向分力系数的平均值和变异系数；μ_{v_c}、δ_{v_c} 为水流速度的平均值和变异系数。

横向水流荷载的标准值为

$$F_{xck} = C_{xck} \frac{\rho}{2} B' v_{ck}^2 \cos\theta \tag{4.18}$$

由式（4.16）和式（4.18），水流荷载的均值系数 $k_{F_{xc}}$ 可表示为

$$k_{F_{xc}} = \frac{\mu_{F_{xc}}}{F_{xck}} = k_{C_{xc}} \cdot \frac{\mu_{v_c}^2}{v_{ck}^2} \tag{4.19}$$

由式（4.17）和式（4.19）可计算作用在船舶上水流荷载的统计参数。同样纵向水流荷载 F_{yc} 的均值系数和变异系数可表示为

$$k_{F_{yc}} = k_{C_{yc}} \cdot \frac{\mu_{v_c}^2}{v_{ck}^2} \tag{4.20}$$

$$\delta_{F_{yc}} = \sqrt{4\delta_{v_c}^2 + \delta_{C_{yc}}^2} \tag{4.21}$$

（2）随机变量的统计分析

文献［96］通过试验，给出了 C_{xc} 和 C_{yc} 在不同工况下的试验结果，如表 4.4 和表 4.5 所示。表 4.6 和表 4.7 给出了 C_{xc} 和 C_{yc} 的试验值与规范计算值的比值 $k_{C_{xc}}$ 和 $k_{C_{yc}}$，表 4.8 给出了 $k_{C_{xc}}$ 和 $k_{C_{yc}}$ 在不同工况下的平均值和变异系数。

C_{xc}的试验值　　　　　　　　　　表 4.4

工况	角度						
	15°	30°	45°	80°	100°	150°	160°
$d/D=1.1$	0.645	1.133	1.570	2.672	2.928	1.184	0.908
	0.740	1.195	1.742	—	—	1.281	1.017
	0.846	1.312	1.930	—	—	1.390	—
$d/D=1.5$	0.282	0.549	0.974	1.392	1.577	0.544	0.224
	0.282	0.641	1.044	1.476	1.675	0.629	0.284
	0.376	0.727	1.141	1.561	1.789	0.713	0.377

C_{yc}的试验值　　　　　　　　　　表 4.5

工况	角度						
	15°	30°	45°	80°	100°	150°	160°
$d/D=1.1$	0.826	1.033	1.684	2.887	2.801	1.172	0.900
	0.977	1.108	1.838	—	—	1.273	1.050
	1.070	1.204	1.995	—	—	1.378	0.910
$d/D=1.5$	0.341	0.544	1.091	1.543	1.511	0.644	0.269
	0.417	0.633	1.156	1.614	1.593	0.705	0.338
	0.485	0.713	1.235	1.707	1.682	0.793	0.438

$k_{C_{xc}}$的统计值　　　　　　　　　　表 4.6

工况		角度						
		15°	30°	45°	80°	100°	150°	160°
$d/D=$ 1.1	标准值	0.755	1.200	1.645	2.682	2.682	1.200	0.903
	试验值/ 标准值	0.855	0.944	0.954	0.996	1.091	0.987	1.005
		0.981	0.996	1.059	—	—	1.068	1.126
		1.120	1.093	1.174	—	—	1.158	—
$d/D=$ 1.5	标准值	0.351	0.652	0.953	1.655	1.655	0.652	0.451
	试验值/ 标准值	0.805	0.842	1.022	0.841	0.953	0.834	0.496
		0.804	0.983	1.096	0.892	1.012	0.965	0.630
		1.072	1.115	1.197	0.943	1.081	1.095	0.836

k_{Cyc} 的统计值　　　　　　　　表 4.7

工况		角度						
		15°	30°	45°	80°	100°	150°	160°
$d/D=$ 1.1	标准值	0.910	1.349	1.789	2.815	2.815	1.349	1.056
	试验值/ 标准值	0.908	0.766	0.941	1.026	0.995	0.869	0.852
		1.074	0.821	1.027	—	—	0.944	0.994
		1.176	0.893	1.115	—	—	1.021	0.862
$d/D=$ 1.5	标准值	0.401	0.702	1.003	1.705	1.705	0.702	0.501
	试验值/ 标准值	0.850	0.775	1.088	0.905	0.886	0.917	0.537
		1.040	0.902	1.153	0.947	0.934	1.004	0.675
		1.209	1.016	1.231	1.001	0.987	1.130	0.874

k_{Cxc} 和 k_{Cyc} 的统计参数　　　　　　　　表 4.8

工况	$k_{C_{xc}}$		$k_{C_{yc}}$	
	平均值	变异系数	平均值	变异系数
$d/D=1.1$	1.038	0.087	0.958	0.115
$d/D=1.5$	0.929	0.169	0.955	0.175

对于海流流速的统计参数，本章在文献［97］给出的海流荷载统计参数的基础上，经计算得到的，如表 4.9 所示。

海流速度的统计参数　　　　　　　　表 4.9

海区	1a 内的最大值		50a 内的最大值		分布类型
	均值系数	变异系数	均值系数	变异系数	
1	0.812	0.092	1.097	0.068	
2	0.823	0.086	1.105	0.064	
3	0.815	0.090	1.099	0.067	极值Ⅰ型分布
4	0.903	0.048	1.169	0.037	
5	0.891	0.053	1.158	0.041	
平均值	0.849	0.074	1.126	0.055	—

（3）作用在船舶上水流荷载的统计参数

根据式（4.18）～式（4.21）和上面各随机变量的统计结果，可得到作用在船舶上横向和纵向水流荷载的统计参数，如表 4.10 所示。

横向和纵向水流荷载统计参数　　　　　　　　表 4.10

统计参数		1a 内的最大值		50a 内的最大值	
		均值系数	变异系数	均值系数	变异系数
F_{xc}	$d/D=1.1$	0.748	0.172	1.316	0.140
	$d/D=1.5$	0.670	0.225	1.178	0.202
F_{yc}	$d/D=1.1$	0.691	0.187	1.215	0.159
	$d/D=1.5$	0.688	0.229	1.211	0.207

4.4 系缆力统计分析

4.4.1 系缆力的统计参数

计算系缆力的统计参数时，首先，根据随机变量 $k_{F_{xw}}$、$k_{F_{yw}}$、k_{F_S} 和 k_{F_H} 的统计特性，采用 Monte-Carlo 方法模拟产生 $k_{F_{xw}}$、$k_{F_{yw}}$、k_{F_S} 和 k_{F_H} 的样本值；其次，根据港口工程荷载规范计算随机变量 F_{xw}、F_{yw}、F_S 和 F_H 的标准值，标准值与 $k_{F_{xw}}$、$k_{F_{yw}}$、k_{F_S} 和 k_{F_H} 的样本值相乘就可得到随机变量 F_{xw}、F_{yw}、F_S 和 F_H 的样本值；最后使用公式（4.1）就可得到系缆力的样本，对其进行统计分析，就可得到系缆力的统计参数。由于统计参数采用的是比值的形式，所以船舶吨位对统计参数的影响不大，在计算系缆力统计参数时，选用 30 万吨级船舶进行分析，取风与船舶纵轴的夹角为 90°；水流与船舶纵轴的夹角为 15°。

采用规范公式计算出 F_{xw}、F_{yw}、F_{xc} 和 F_{yc} 的标准值，如表 4.11 所示。表中的海流流速标准值 v_{ck} 根据文献 [37] 确定。

各参数计算结果 表 4.11

相对水深	C_{xc}	C_{yc}	v_{ck} (m/s)	v_{wk} (m/s)	ξ	A_{xw} (m²)	A_{yw} (m²)	B' (m²)	F_{xwk} (kN)	F_{ywk} (kN)	F_{xck} (kN)	F_{yck} (kN)
$d/D=1.1$	0.57	0.91	1.63	26.5	0.6	4255	1170	7244	1320	0	5431	2325
$d/D=1.5$	0.35	0.40									3335	1022

根据表 4.11 中 F_{xw}、F_{yw}、F_{xc} 和 F_{yc} 的标准值，可用式（4.1）计算系缆力标准值。在计算中，取 $n=8$，$K=1.3$，$\alpha=30°$，$\beta=15°$。经计算系缆力的统计参数如表 4.12 所示。

系缆力统计参数 表 4.12

水深比	1a 内的最大值		50a 内的最大值	
	k_N	δ_N	k_N	δ_N
$d/D=1.1$	0.701	0.102	1.268	0.064
$d/D=1.5$	0.634	0.142	1.168	0.112
平均值	0.668	0.122	1.218	0.088

根据第 2 章的计算结果，应对系缆力的变异系数进行 10% 的调整，经计算 1a 内系缆力的均值系数为 0.668，变异系数为 0.158；50a 内系缆力均值系数为 1.218，变异系数为 0.133。

4.4.2 系缆力的概率密度函数

对 4.4.1 节产生的系缆力样本值，使用 $K-S$ 检验法进行正态分布、对数正态分布和极值 I 型分布拟合检验。取显著性水平 $\alpha=0.05$ 时，拒绝域为 [1.36，∞]。经检验：正态分布的最大偏差为 0.62；对数正态分布的最大偏差为 0.27；极值 I 分布的最大偏差为 0.29，所以可认为系缆力不拒绝服从正态分布、对数正态分布和极值 I 分布。由图 4.1 中可看出，对数正态分布比极值 I 型分布和正态分布更接近于系缆力的样本分布，所以选用对数正态分布作为系缆力的概率分布模型。

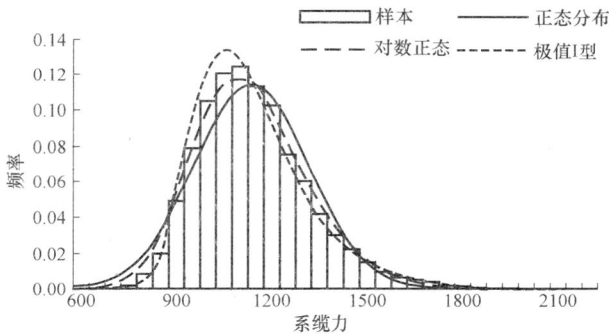

图 4.1　系揽力概率分布

4.5　本章小结

本章根据收集的环境要素资料和随机变量的统计资料，采用 Monte-Carlo 方法对轻型码头结构承受的系缆力进行了统计分析，在考虑轻型码头结构系缆力计算模式偏差的基础上，给出了系缆力的均值系数，变异系数和概率分布类型。

5 轻型码头结构环境荷载统计分析

5.1 引言

轻型码头作为一种新型的码头结构形式，常遇的环境荷载有风、波浪和海流荷载。通常情况下码头结构高度比较低，风产生的荷载与波浪和海流相比非常小，可以忽略。本章根据渤海海域环境要素的实测资料，对轻型码头结构所遭受的波浪荷载和水流荷载进行了统计分析。

5.2 孤立桩柱波浪力统计分析

5.2.1 孤立桩柱波浪力计算

轻型码头采用钢管架作为支撑结构，钢管属于小尺度桩柱。对于小尺度桩柱，可采用莫里森公式计算作用其上的波浪力。在一个周期内，作用在桩柱上的总水平波浪力可表示为

$$F = F_D \cos\theta |\cos\theta| + F_I \sin\theta \tag{5.1}$$

$$F_D = \frac{1}{2} C_D \rho_w g D h^2 K_1 \tag{5.2}$$

$$F_I = \frac{\pi}{8} C_M \rho_w g D^2 h K_2 \tag{5.3}$$

式中，F_D、F_I 分别为最大水平阻力和最大水平惯性力；ρ_w 为海水的密度；g 为重力加速度；h 为波高；D 为桩柱的直径；C_D、C_M 分别为阻力系数和惯性力系数；K_1、K_2 为与波浪理论和水深有关的系数，具体可查规范[51]。

5.2.2 孤立桩柱波浪力的统计参数

由式（5.1）可看出，波浪力 F 与水平阻力 F_D 和惯性力 F_I 有关，所以 F 的统计参数与 F_D 和 F_I 的统计参数有关，下面先讨论 F_D 和 F_I 的统计参数。

（1）水平阻力 F_D 的统计参数

在式（5.2）中，ρ_w 和 K_1 的变异性很小，可忽略，所以只将 C_D，h 作为随机变量考虑，则 F_D 的均值系数和变异系数可分别表示为

$$k_{F_D} = \frac{\mu_{F_D}}{F_{Dk}} \qquad (5.4)$$

$$\delta_{F_D} = \sqrt{\delta_{C_D}^2 + 4\delta_h^2} \qquad (5.5)$$

式中，δ_{C_D} 为 C_D 的变异系数；δ_h 为波高的变异系数；μ_{F_D} 和 F_{Dk} 分别为 F_D 的平均值和标准值，可表示为

$$\mu_{F_D} = \frac{1}{2}\mu_{C_D}\rho_w g D K_1 \mu_h^2$$

$$F_{Dk} = \frac{1}{2}C_{Dk}\rho_w g D K_1 h_k^2 \qquad (5.6)$$

计算 F_{Dk} 时，取 C_D 的标准值 C_{Dk} 等于其平均值 μ_{C_D}，变异系数 $\delta_{C_D} = 0.2^{[47]}$。则式（5.4）和式（5.5）可表示为

$$k_{F_D} = \frac{\mu_{F_D}}{F_{DK}} = \frac{\mu_h^2}{h_k^2} \qquad (5.7)$$

$$\delta_{F_D} = \sqrt{0.04 + 4\delta_h^2} \qquad (5.8)$$

（2）惯性力 F_I 的统计参数

在式（5.3）中，ρ_w 和 K_2 的变异性很小，可忽略，所以只将 C_M，h 作为随机变量来考虑，则 F_I 的均值系数和变异系数可分别表示为

$$k_{F_I} = \frac{\mu_{F_I}}{F_{Ik}} \qquad (5.9)$$

$$\delta_{F_I} = \sqrt{\delta_{C_M}^2 + \delta_h^2} \qquad (5.10)$$

式中，δ_{C_M} 为 C_M 的变异系数；μ_{F_I} 和 F_{Ik} 分别为 F_I 的平均值和标准值，可表示为

$$\mu_{F_I} = \frac{\pi}{8}\mu_{C_M}\rho_w g D^2 \mu_h K_2$$

$$F_{Ik} = \frac{\pi}{8}C_{Mk}\rho_w g D^2 h_k K_2 \qquad (5.11)$$

计算 F_{Ik} 时，取 C_M 的标准值 C_{Mk} 等于其平均值 μ_{C_M}，变异系数 $\delta_{C_M} = 0.2^{[47]}$。则式（5.9）和式（5.10）可表示为

$$k_{F_I} = \frac{\mu_{F_I}}{F_{Ik}} = \frac{\mu_h}{h_k} \qquad (5.12)$$

$$\delta_{F_I} = \sqrt{0.04 + \delta_h^2} \qquad (5.13)$$

文献［37］根据对渤海海域波浪要素的统计资料，认为年极值波高的分布类型为极值Ⅰ型分布，分布参数 $\alpha_h = 1.657$，$u_h = 3.577$。利用这些数据按式（5.7）、式（5.8）、式（5.12）和式（5.13）可得到水平阻力 F_D 和惯性力 F_I 的统计参数，波高标准值取重现期 50a 的波高。水平阻力 F_D 和惯性力 F_I 统计参数

的计算结果如表 5.1 所示。

$$F_D 和 F_I 的统计参数$$ 表 5.1

时间段	h 的统计参数			F_D 的统计参数		F_I 的统计参数	
	μ_h(m)	δ_h	h_k(m)	k_{F_D}	δ_{F_D}	k_{F_I}	δ_{F_I}
1a	3.925	0.197	5.932	0.438	0.442	0.662	0.281
50a	6.286	0.123	5.932	1.123	0.317	1.060	0.235

(3) 波浪力的统计参数

如果已知惯性力 F_I 和水平阻力 F_D 的统计参数，则可计算孤立桩柱波浪力的统计参数。由式（5.1）得

$$\mu_F = \mu_{F_D}\cos\theta|\cos\theta| + \mu_{F_I}\sin\theta \tag{5.14}$$

$$F_k = F_{Dk}\cos\theta|\cos\theta| + F_{Ik}\sin\theta \tag{5.15}$$

波浪力 F 的均值系数 k_F 为

$$k_F = \frac{\mu_F}{F_k} = \frac{k_{F_D}\cos\theta|\cos\theta| + \alpha k_{F_I}\sin\theta}{\cos\theta|\cos\theta| + \alpha\sin\theta} \tag{5.16}$$

式中，$\alpha = F_{Ik}/F_{Dk}$，为惯性力标准值与阻力标准值的比值。

波浪力 F 的方差 σ_F^2 为[98]

$$\sigma_F^2 = \cos^4\theta\sigma_{F_D}^2 + \sin^2\theta\sigma_{F_I}^2 + 2\sin\theta\cos\theta|\cos\theta|E[(F_D - \mu_{F_D})(F_I - \mu_{F_I})] \tag{5.17}$$

将 F_D 在 μ_h 处作泰勒级数展开得

$$F_D \approx \frac{1}{2}\mu_{C_D}\rho_w gD\mu_h^2 K_1 + \mu_{C_D}\rho_w gD\mu_h K_1(h - \mu_h) \tag{5.18}$$

将式（5.18）代入式（5.17），得

$$\sigma_F^2 = \cos^4\theta(k_{F_D}F_{Dk}\delta_{F_D})^2 + \sin^2\theta(k_{F_I}F_{Ik}\delta_{F_I})^2$$
$$+ \frac{4\mu_{F_D}\mu_{F_I}\sin\theta\cos\theta|\cos\theta|}{\mu_h^2}\sigma_h^2 \tag{5.19}$$

波浪力的变异系数 δ_F 为

$$\delta_F = \frac{\sigma_F}{\mu_F} = \sqrt{\frac{(k_{F_D}\delta_{F_D}\cos^2\theta)^2 + (\alpha k_{F_I}\delta_{F_I}\sin\theta)^2 + 4\alpha k_{F_D}k_{F_I}\sin\theta\cos\theta|\cos\theta|\delta_h^2}{(k_{F_D}\cos\theta|\cos\theta| + \alpha k_{F_I}\sin\theta)^2}}$$

$$\tag{5.20}$$

由式（5.16）和式（5.20）可看出，波浪力的统计参数还与参数 α 有关。由式（5.2）和式（5.3）可得

$$\alpha = \frac{F_{Ik}}{F_{Dk}} = \frac{\pi}{4}\left(\frac{C_M}{C_D}\right)\left(\frac{D}{h}\right)\left(\frac{K_2}{K_1}\right) = \frac{\pi}{4}\left(\frac{2.0}{1.2}\right)\left(\frac{D}{h}\right)\left(\frac{K_2}{K_1}\right) = 1.31\left(\frac{D}{h}\right)\left(\frac{K_2}{K_1}\right)$$

$$\tag{5.21}$$

由式（5.21）可看出，α 与 D/h 和 K_2/K_1 有关，下面分别对它们的范围进

行讨论。参考文献 [99]，对于整个桩柱，K_1 和 K_2 可分别表示为

$$K_1 = \frac{\frac{4\pi Z_2}{L} + \mathrm{sh}\frac{4\pi Z_2}{L}}{8\,\mathrm{sh}\frac{4\pi d}{L}} \qquad (5.22)$$

$$K_2 = \frac{\mathrm{sh}\frac{2\pi Z_2}{L}}{\mathrm{ch}\frac{2\pi d}{L}} \qquad (5.23)$$

式中，Z_2 为桩柱的高度；L 为波长；d 为水深。

则 K_2/K_1 为

$$\frac{K_2}{K_1} = \frac{\mathrm{sh}\frac{2\pi Z_2}{L}}{\frac{4\pi Z_2}{L} + \mathrm{sh}\frac{4\pi Z_2}{L}} \cdot \frac{8\,\mathrm{sh}\frac{4\pi d}{L}}{\mathrm{ch}\frac{2\pi d}{L}} \qquad (5.24)$$

取 Z_2/L 的范围为 $0.05 \sim 0.25$，d/L 的范围为 $0.05 \sim 0.3$，则 K_2/K_1 的数值如表 5.2 所示。

K_2/K_1 的常用值　　　　　　　表 5.2

Z_2/L	d/L					
	0.05	0.10	0.15	0.20	0.25	0.30
0.05	1.256	2.636	4.279	6.347	9.046	12.644
0.10	1.193	2.504	4.064	6.028	8.592	12.009
0.15	1.090	2.287	3.713	5.507	7.849	10.971
0.20	0.954	2.003	3.251	4.822	6.872	9.606
0.25	0.800	1.680	2.727	4.046	5.766	8.060

由表 5.2 可看出 K_2/K_1 的范围大致为 $1.0 \sim 12.0$。

D/h 的范围与钢管的直径和波高有关，对于渤海海域，文献 [37] 给出波高的平均值为 3.925m，钢管的直径变化范围通常很大，对于靠船墩结构通常可从 $1.0 \sim 3.0$m，计算中取 D/h 的范围为 $0.2 \sim 1.0$。由以上数值近似得到 α 的变化范围为 $0.20 \sim 16.0$。

根据 α 的范围，由式（5.16）和（5.20）计算波浪力的均值系数和变异系数。θ 取 $0\,°$、$15\,°$、$30\,°$、$45\,°$、$60\,°$、$75\,°$ 和 $90\,°$，α 取 0.2、2.0、6.0、10.0、14.0 和 16.0，波浪力均值系数和变异系数的部分计算结果如表 5.3 ～表 5.9 所示。

波浪力的统计参数（$\theta = 0°$）   表 5.3

时间段	统计参数	α						平均值
		0.2	2.0	4.0	10.0	14.0	16.0	
1a	k_{F_1}	0.438	0.438	0.438	0.438	0.438	0.438	0.438
	δ_{F_1}	0.442	0.442	0.442	0.442	0.442	0.442	0.442
50a	$k_{F_{50}}$	1.123	1.123	1.123	1.123	1.123	1.123	1.123
	$\delta_{F_{50}}$	0.317	0.317	0.317	0.317	0.317	0.317	0.317

波浪力的统计参数（$\theta = 15°$）   表 5.4

时间段	统计参数	α						平均值
		0.2	2.0	4.0	10.0	14.0	16.0	
1a	k_{F_1}	0.450	0.520	0.582	0.608	0.622	0.627	0.568
	δ_{F_1}	0.422	0.336	0.296	0.288	0.285	0.284	0.318
50a	$k_{F_{50}}$	1.120	1.105	1.091	1.086	1.082	1.081	1.094
	$\delta_{F_{50}}$	0.306	0.252	0.224	0.221	0.221	0.222	0.241

波浪力的统计参数（$\theta = 30°$）   表 5.5

时间段	统计参数	α						平均值
		0.2	2.0	4.0	10.0	14.0	16.0	
1a	k_{F_1}	0.467	0.580	0.638	0.656	0.665	0.668	0.612
	δ_{F_1}	0.399	0.302	0.285	0.282	0.282	0.281	0.305
50a	$k_{F_{50}}$	1.121	1.113	1.109	1.108	1.107	1.107	1.111
	$\delta_{F_{50}}$	0.293	0.228	0.221	0.224	0.226	0.227	0.237

波浪力的统计参数（$\theta = 45°$）   表 5.6

时间段	统计参数	α						平均值
		0.2	2.0	4.0	10.0	14.0	16.0	
1a	k_{F_1}	0.496	0.642	0.688	0.700	0.706	0.708	0.657
	δ_{F_1}	0.368	0.288	0.282	0.281	0.281	0.281	0.297
50a	$k_{F_{50}}$	1.129	1.145	1.150	1.152	1.152	1.152	1.147
	$\delta_{F_{50}}$	0.274	0.221	0.226	0.228	0.230	0.231	0.235

波浪力的统计参数（$\theta = 60°$）   表 5.7

时间段	统计参数	α						平均值
		0.2	2.0	4.0	10.0	14.0	16.0	
1a	k_{F_1}	0.557	0.708	0.736	0.743	0.745	0.746	0.706
	δ_{F_1}	0.326	0.282	0.281	0.281	0.281	0.281	0.289
50a	$k_{F_{50}}$	1.154	1.194	1.201	1.202	1.203	1.203	1.193
	$\delta_{F_{50}}$	0.245	0.224	0.230	0.232	0.233	0.233	0.233

波浪力的统计参数（$\theta=75°$）　　表 5.8

时间段	统计参数	α						平均值
		0.2	2.0	4.0	10.0	14.0	16.0	
1a	k_{F_1}	0.679	0.764	0.773	0.775	0.775	0.776	0.757
	δ_{F_1}	0.287	0.281	0.281	0.281	0.281	0.281	0.282
50a	$k_{F_{50}}$	1.210	1.240	1.243	1.244	1.244	1.244	1.237
	$\delta_{F_{50}}$	0.221	0.231	0.234	0.234	0.234	0.235	0.232

波浪力的统计参数（$\theta=90°$）　　表 5.9

时间段	统计参数	α						平均值
		0.2	2.0	4.0	10.0	14.0	16.0	
1a	k_{F_1}	0.787	0.787	0.787	0.787	0.787	0.787	0.787
	δ_{F_1}	0.281	0.281	0.281	0.281	0.281	0.281	0.281
50a	$k_{F_{50}}$	1.260	1.260	1.260	1.260	1.260	1.260	1.260
	$\delta_{F_{50}}$	0.235	0.235	0.235	0.235	0.235	0.235	0.235

根据表 5.3～表 5.9 中的数据，将 1a 和 50a 内均值系数和变异系数与相位角的关系分别绘于图 5.1 和图 5.2。

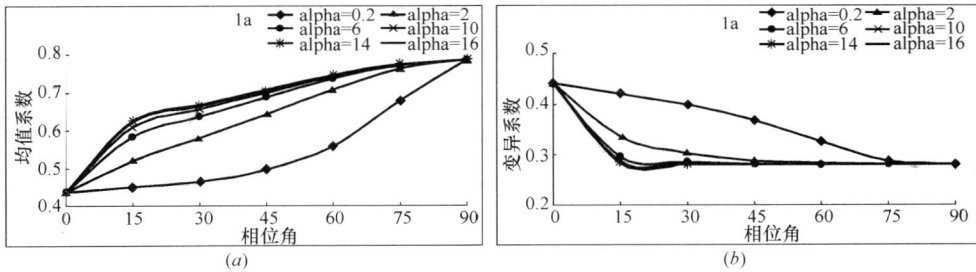

图 5.1　1a 内均值系数与相位角的关系图

（a）均值系数与相位角的关系；（b）变异系数与相位角的关系

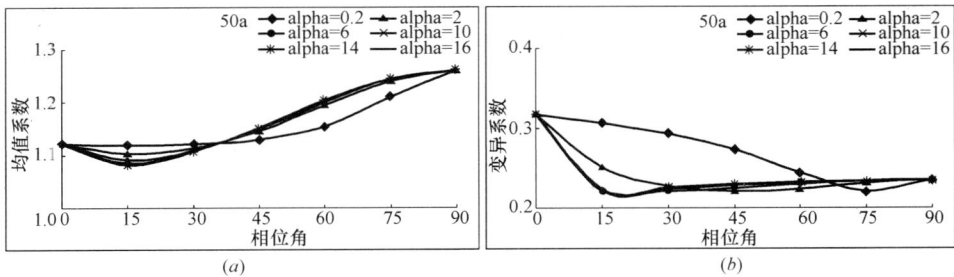

图 5.2　50a 内均值系数与相位角的关系图

（a）均值系数与相位角的关系图；（b）变异系数与相位角的关系

由图 5.1 和图 5.2 可以看出，波浪力的均值系数和变异系数随 α 和 θ 的变化发生的变化不大，在 50a 设计基准期内波浪力的均值系数的平均值 μ_{k_F} 为 1.166，变异系数 δ_{k_F} 的平均值为 0.247。

(4) 波浪力计算模式的不确定性

为了得到波浪力计算公式的不确定性，对杆件波浪力进行了试验研究，波浪输入分为规则波和不规则波两种情况，试验结果如表 5.10 所示。

波浪力试验结果 表 5.10

工况	不规则波					规则波				
	1	2	3	4	5	1	2	3	4	5
试验值（t）	21.49	17.25	28.56	50.55	63.77	22.15	30.04	45.07	50.19	78.43
试验值（t）	16.37	25.32	40.84	51.66	50.47	18.13	33.72	44.58	56.84	78.67
试验值（t）	14.76	20.04	42.29	35.88	61.08	20.11	30.08	39.56	64.66	68.08
计算值（t）	19.93	26.50	34.46	44.88	56.17	22.61	33.66	46.54	61.82	78.29

试验结果表明，公式的计算结果与实测值吻合得比较好，试验值与计算值比值的平均值 $\mu_{k_p}=0.944$，变异系数 $\delta_{k_p}=0.151$。根据上述结果，考虑模型不定性后波浪力的统计参数为：

1a 内的最大值：

$$k_F = \mu_{k_p}\mu_{k_F} = 0.944 \times 0.646 = 0.610$$

$$\delta_F = \sqrt{\delta_{K_p}^2 + \delta_{k_F}^2} = \sqrt{0.151^2 + 0.316^2} = 0.350$$

50a 内的最大值：

$$k_F = \mu_{k_p}\mu_{k_F} = 0.944 \times 1.166 = 1.101$$

$$\delta_F = \sqrt{\delta_{K_p}^2 + \delta_{k_F}^2} = \sqrt{0.151^2 + 0.247^2} = 0.289$$

5.2.3 孤立桩柱波浪力的概率分布

采用 Monte-Carlo 方法，通过随机抽样，统计分析波浪力的概率分布函数[100]。计算时，首先根据 C_D、C_M 和 h 的概率分布函数进行随机抽样，再将产生的样本值代入式（5.4）和式（5.9）得到 K_{F_D} 和 K_{F_I} 的样本值，将 K_{F_D} 和 K_{F_I} 代入式（5.16）得到 K_F 的样本值。对产生的 K_F 样本值进行 K-S 检验，可判断波浪力的最优概率分布函数。参考文献 [101]，C_D 和 C_M 的分布类型为正态分布。

模拟产生了 10^5 个随机样本值，用正态分布拟合最大偏差为 1.61；对数正态分布最大偏差为 0.5；极值 I 分布最大偏差为 0.39。取显著性水平 $\alpha=0.05$，则拒绝域为 $[1.36, +\infty]$[102]，所以波浪力不拒绝服从对数正态分布和极值 I 型分布。图 5.3 为上述三种概率密度函数的比较。由图可看出，极值 I 型分布比对数正态分布更接近样本直方图，所以选极值Ⅰ型分布作为孤立桩柱波浪力的概率模型。

波浪荷载概率密度分布

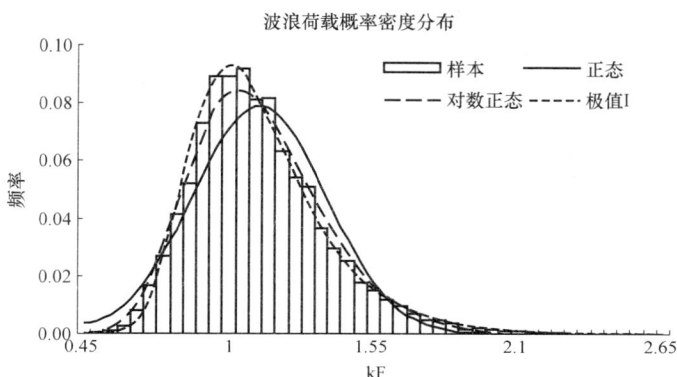

图 5.3　波浪荷载概率分布图

5.3　圆形构件上的海流荷载

与波浪力相比，海流质点的运动速度及周期随时间的变化缓慢得多，故此，在计算海流对结构物的作用力时，可把海流看成稳定运动，认为其对结构物的作用力仅为阻力。

(1) 计算公式

当只考虑海流作用时，圆形构件单位长度上的海流荷载 F_C 由下式计算[99]：

$$F_C = \frac{1}{2}\rho_w C_D D u^2 \tag{5.25}$$

式中，u 为流速；ρ_w、C_D 和 D 的意义同式（5.2）。

在式（5.25）中，将 C_D 和 u 作为随机变量考虑，则 F_C 的均值系数和变异系数可分别表示为

$$k_{F_C} = \frac{\mu_{F_C}}{F_{Ck}} \tag{5.26}$$

$$\delta_{F_C} = \sqrt{\delta_{C_D}^2 + 4\delta_u^2} \tag{5.27}$$

式中，μ_{F_C} 和 F_{Ck} 分别为 F_C 的平均值和标准值，可表示为

$$\mu_{F_C} = \frac{1}{2}\mu_{C_D}\rho_w D \mu_u^2 \tag{5.28a}$$

$$F_{Ck} = \frac{1}{2}C_{Dk}\rho_w D u_k^2 \tag{5.28b}$$

取 C_D 的标准值 C_{Dk} 等于其平均值 μ_{C_D}，变异系数 $\delta_{C_D}=0.2^{[97]}$。则海流荷载的均值系数和变异系数可分别表示为

$$k_{F_C}=\frac{\mu_{F_C}}{F_{CK}}=\frac{\mu_u^2}{u_k^2} \tag{5.29a}$$

$$\delta_{F_C}=\sqrt{0.04+4\delta_u^2} \tag{5.29b}$$

（2）海流荷载的统计参数

文献［97］针对海洋平台结构，利用渤海海域海流要素的统计资料得出海流荷载服从极值 I 型分布，均值系数和变异系数如表 5.11 所示。

海洋平台结构极值海流荷载统计参数　　　　　　　　表 5.11

时间段 海区	1a		10a		30a		50a		分布类型
	k_{F_c}	δ_{F_c}	k_{F_c}	δ_{F_c}	k_{F_c}	δ_{F_c}	k_{F_c}	δ_{F_c}	
1	0.6062	0.2712	0.9014	0.1824	1.0423	0.1578	1.1078	0.1484	
2	0.6236	0.2635	0.9186	0.1789	1.0593	0.1551	1.1248	0.1461	
3	0.6108	0.2691	0.9059	0.1815	1.0468	0.1570	1.1122	0.1478	极值 I 型
4	0.7569	0.2218	1.0583	0.1586	1.2021	0.1397	1.2690	0.1323	
5	0.7362	0.2265	1.0355	0.1610	1.1783	0.1415	1.2448	0.1339	
平均值	0.6668	0.2504	0.9640	0.1725	1.1058	0.1502	1.1717	0.1417	—

靠船墩构件与海洋平台结构的构件一样都属于小尺度构件，所以分析海流荷载的统计参数时，参考海洋平台的实测和分析结果。在表 5.11 的分析结果中，标准值采用的重现期为 100a，对于港口工程，《海港水文规范》定义的荷载标准值重现期采用 50a，所以需将表 5.11 中重现期 100a 的数值换算为重现期 50a 时的数值。文献［97］没有直接给出海流流速的统计数据，下面利用极值 I 型分布函数的特点，将表中以 100a 重现期为标准值的统计参数，换算为以 50a 重现期为标准值的统计参数。

设海流荷载的年极值概率分布函数为

$$F(x)=\exp\{-\exp[-\alpha_c(x-u_c)]\}$$

重现期 T_1 和 T_2 所对应的海流荷载分别为 x_{T_1} 和 x_{T_2}，则 x_{T_1} 和 x_{T_2} 可表示为

$$x_{T_1}=u_c-\frac{1}{\alpha_c}\ln\left[-\ln\left(\frac{T_1-1}{T_1}\right)\right] \tag{5.30}$$

$$x_{T_2}=u_c-\frac{1}{\alpha_c}\ln\left[-\ln\left(\frac{T_2-1}{T_2}\right)\right] \tag{5.31}$$

用式（5.30）除式（5.31）得

$$\frac{x_{T_1}}{x_{T_2}}=\frac{u_c-\frac{1}{\alpha_c}\ln\left[-\ln\left(\frac{T_1-1}{T_1}\right)\right]}{u_c-\frac{1}{\alpha_c}\ln\left[-\ln\left(\frac{T_2-1}{T_2}\right)\right]} \tag{5.32}$$

当 $T_1 = 50a$，$T_2 = 100a$ 时，式（5.32）变为

$$\frac{x_{50}}{x_{100}} = \frac{u_c - \frac{1}{\alpha_c}\ln[-\ln(0.98)]}{u_c - \frac{1}{\alpha_c}\ln[-\ln(0.99)]} \approx \frac{u_c + \frac{3.9}{\alpha_c}}{u_c + \frac{4.6}{\alpha_c}} \tag{5.33}$$

由式（5.33）可看出，如已知 α_c 和 u_c 的关系，即可计算 x_{50}/x_{100}。

海流荷载年极值分布为极值 I 型概率分布，1a 内海流荷载的平均值 μ_1 和标准差 σ_1 分别为

$$\mu_1 = u_c + \frac{0.5772}{\alpha_c} \tag{5.34}$$

$$\sigma_1 = \frac{1.2826}{\alpha_c} \tag{5.35}$$

1a 内海流荷载的变异系数可表示为

$$\delta_1 = \frac{\sigma_1}{\mu_1} = \frac{\frac{1.2826}{\alpha_c}}{u_c + \frac{0.5772}{\alpha_c}} \tag{5.36}$$

即

$$u_c = \frac{1.2826 - 0.5772\delta_1}{\alpha_c\delta_1} \tag{5.37}$$

将式（5.37）代入式（5.33），得

$$\frac{x_{50}}{x_{100}} = \frac{1.2826 + 3.3228\delta_1}{1.2826 + 4.0228\delta_1} \tag{5.38}$$

重现期为 50a 和 100a 时，海流荷载的均值系数可分别表示为

$$k_{F_{c,50}} = \frac{\mu_{F_c}}{F_{c,50}} \tag{5.39}$$

$$k_{F_{c,100}} = \frac{\mu_{F_c}}{F_{c,100}} \tag{5.40}$$

用式（5.40）除式（5.39），得

$$\frac{k_{F_{c,50}}}{k_{F_{c,100}}} = \frac{F_{c,100}}{F_{c,50}} = \frac{x_{100}}{x_{50}} \tag{5.41}$$

即

$$k_{F_{c,50}} = \frac{x_{100}}{x_{50}} \cdot k_{F_{c,100}} = \frac{1.2826 + 4.0228\delta_1}{1.2826 + 3.3228\delta_1} \cdot k_{F_{c,100}} \tag{5.42}$$

式（5.42）即为按 50a 和 100a 重现期确定标准值时海流荷载均值系数之间的关系。由于荷载的变异系数与标准值没有关系，所以当重现期改变时，并不影响荷载的变异系数。按 50a 重现期确定标准值时海流荷载的统计参数如表 5.12 所示。将表 5.12 与表 5.11 比较可看出，表 5.12 中的均值系数比表 5.11 中的值

大，这是因为按 50a 重现期确定的标准值比按 100a 重现期确定的标准值小，表 5.12 是按 50a 重现期确定的标准值作分母得到的，表 5.11 是按 100a 重现期确定的标准值作分母得到的。

轻型码头结构极值海流荷载统计参数 表 5.12

时间段 海区	1a		10a		30a		50a		分布类型
	k_{F_c}	δ_{F_c}	k_{F_c}	δ_{F_c}	k_{F_c}	δ_{F_c}	k_{F_c}	δ_{F_c}	
1	0.6589	0.2712	0.9798	0.1824	1.1329	0.1578	1.2041	0.1484	
2	0.6769	0.2635	0.9971	0.1789	1.1498	0.1551	1.2209	0.1461	
3	0.6637	0.2691	0.9843	0.1815	1.1374	0.1570	1.2084	0.1478	极值 I 型
4	0.8151	0.2218	1.1397	0.1586	1.2945	0.1397	1.3666	0.1323	
5	0.7936	0.2265	1.1162	0.1610	1.2701	0.1415	1.3418	0.1339	
平均值	0.722	0.250	1.044	0.173	1.198	0.150	1.269	0.142	——

5.4　本章小结

　　本章根据收集到的资料，对作用于孤立桩柱上的波浪力和圆形构件的海流荷载进行了统计分析。由于波浪荷载的计算公式比较复杂，采用泰勒级数展开的方法给出了均值系数和变异系数的计算公式，进而给出波浪荷载的均值系数、变异系数和概率分布类型。根据已有海流荷载的统计参数以及极值 I 型概率分布函数的特点给出了适用于轻型码头结构的海流荷载的均值系数和变异系数。

6 轻型码头靠泊撞击力的统计分析

6.1 引言

对于轻型码头结构，靠船墩所遭受的船舶撞击力通常是起控制作用的荷载。由于靠船墩结构刚度小，受到船舶撞击后，结构将产生一定的变形，所以本章针对轻型码头结构的特点，对船舶靠岸撞击力进行了统计分析。

6.2 船舶靠岸撞击力计算

当船舶靠泊时，垂直于平台靠船装置线方向上，船舶有效靠泊动能可用下式表示[103,104]

$$E_0 = \frac{1}{2}\rho M v^2 \qquad (6.1)$$

式中，E_0 为有效靠泊动能（kJ）；ρ 为有效动能系数，即有效动能与全部动能比，$\rho = C_m \cdot C_e$，C_e 为偏心率，即考虑船舶回转对撞击能的折减；C_m 为附加质量系数；M 为船舶质量（t）；v 为船舶靠岸时的法向分速度。

轻型码头的靠船墩用钢管焊接而成，具有一定柔性，所以靠船墩在受到船舶撞击后，变形不可忽略。根据功能转换原理，船舶有效撞击动能应等于护舷、船体和平台三个部分变形吸收的能量之和，即

$$E_0 = \frac{1}{2}k_s\Delta_s^2 + E_f + \frac{1}{2}k_d\Delta_d^2 \qquad (6.2)$$

式中，k_s，k_d 分别表示船体和平台的弹性刚度系数；Δ_s，Δ_d 分别为船体和平台的变形；E_f 为护舷吸收的能量。

根据弹性变形理论，船舶撞击力为

$$F_x = F_f = k_s\Delta_s = k_d\Delta_d \qquad (6.3)$$

式中，F_x 为船舶靠岸撞击力（kN）；F_f 为护舷反力（kN）。

将式（6.3）代入式（6.2）得

$$E_0 = \frac{F_f^2}{2k_s} + E_f + \frac{F_f^2}{2k_d} \qquad (6.4)$$

由（6.1）式和（6.4）式得到

$$(k_s + k_d)F_f^2 + 2k_s k_d E_f - k_s k_d \rho M v^2 = 0 \tag{6.5}$$

由式（6.5）可看出，当已知船舶靠岸速度时，护舷的反力 F_f 随着护舷吸收能 E_f 的变化而变化，所以计算护舷反力需要确定护舷反力与吸收能量之间的关系。对于外海开敞式码头结构，常用的护舷型式是鼓型护舷，图 6.1 为 YGCH2500 标准反力型护舷的变形性能曲线。从图 6.1 可看出，橡胶护舷反力和能量均与护舷变形呈非线性关系。由图 6.1 可确定护舷反力与能量之间的关系，如图 6.2 所示。

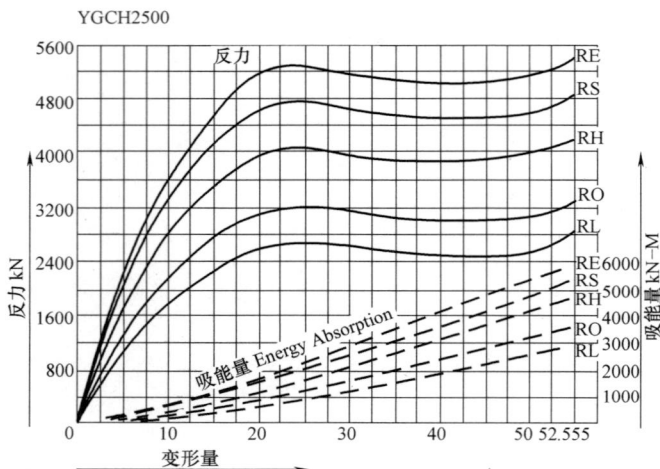

图 6.1　护舷的性能曲线

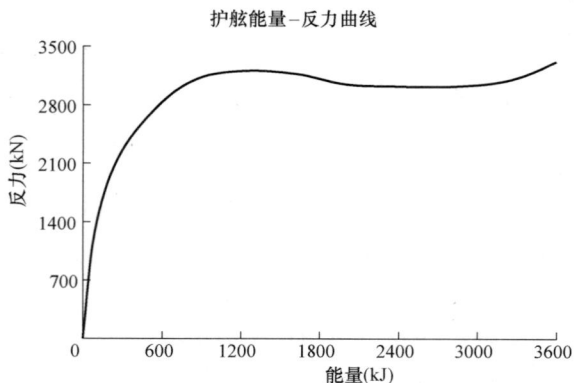

图 6.2　护舷的能量-反力曲线

从图 6.2 可看出，护舷能量-反力呈非线性关系，本章根据曲线的形状，将曲线分成三部分，应用最小二乘原理采用三次多项式对每一段分别进行拟合[105]，为了保证曲线通过原点和分段点处连续，选用的分段函数如下

$$F_{\mathrm{f}}=\begin{cases} a_1 E_{\mathrm{f}}+a_2 E_{\mathrm{f}}^2+a_3 E_{\mathrm{f}}^3 \\ b_1(E_{\mathrm{f}}-E_1)+b_2(E_{\mathrm{f}}-E_1)^2+b_3(E_{\mathrm{f}}-E_1)^3+F_1 \\ c_1(E_{\mathrm{f}}-E_2)+c_2(E_{\mathrm{f}}-E_2)^2+c_3(E_{\mathrm{f}}-E_2)^3+F_2 \end{cases} \tag{6.6}$$

式中，a_1，a_2，a_3、b_1，b_2，b_3 和 c_1，c_2，c_3 分别为三个分段函数的系数；E_1，F_1 为第一段函数在第一个分段点处的函数值；E_2，F_2 为第二段函数在第二个分段点处的函数值。根据最小二乘法原理，推导得出关于分段函数系数的方程组，用矩阵表示为

第一段函数

$$\begin{bmatrix} \sum_{i=1}^{m} E_i^2 & \sum_{i=1}^{m} E_i^3 & \sum_{i=1}^{m} E_i^4 \\ \sum_{i=1}^{m} E_i^3 & \sum_{i=1}^{m} E_i^4 & \sum_{i=1}^{m} E_i^5 \\ \sum_{i=1}^{m} E_i^4 & \sum_{i=1}^{m} E_i^5 & \sum_{i=1}^{m} E_i^6 \end{bmatrix} \begin{bmatrix} a_1 \\ a_2 \\ a_3 \end{bmatrix} = \begin{bmatrix} \sum_{i=1}^{m} E_i F_i \\ \sum_{i=1}^{m} E_i^2 F_i \\ \sum_{i=1}^{m} E_i^3 F_i \end{bmatrix} \tag{6.7}$$

第二段函数

$$\begin{bmatrix} \sum_{i=1}^{m}(E_i-E_1)^2 & \sum_{i=1}^{m}(E_i-E_1)^3 & \sum_{i=1}^{m}(E_i-E_1)^4 \\ \sum_{i=1}^{m}(E_i-E_1)^3 & \sum_{i=1}^{m}(E_i-E_1)^4 & \sum_{i=1}^{m}(E_i-E_1)^5 \\ \sum_{i=1}^{m}(E_i-E_1)^4 & \sum_{i=1}^{m}(E_i-E_1)^5 & \sum_{i=1}^{m}(E_i-E_1)^6 \end{bmatrix} \begin{bmatrix} b_1 \\ b_2 \\ b_3 \end{bmatrix} =$$

$$\begin{bmatrix} \sum_{i=1}^{m}(F_i-F_1)(E_i-E_1) \\ \sum_{i=1}^{m}(F_i-F_1)(E_i-E_1)^2 \\ \sum_{i=1}^{m}(F_i-F_1)(E_i-E_1)^3 \end{bmatrix} \tag{6.8}$$

第三段函数

$$
\begin{bmatrix}
\sum\limits_{i=1}^{m}(E_i-E_2)^2 & \sum\limits_{i=1}^{m}(E_i-E_2)^3 & \sum\limits_{i=1}^{m}(E_i-E_2)^4 \\
\sum\limits_{i=1}^{m}(E_i-E_2)^3 & \sum\limits_{i=1}^{m}(E_i-E_2)^4 & \sum\limits_{i=1}^{m}(E_i-E_2)^5 \\
\sum\limits_{i=1}^{m}(E_i-E_2)^4 & \sum\limits_{i=1}^{m}(E_i-E_2)^5 & \sum\limits_{i=1}^{m}(E_i-E_2)^6
\end{bmatrix}
\begin{bmatrix}
c_1 \\
c_2 \\
c_3
\end{bmatrix}
=
$$

$$
\begin{bmatrix}
\sum\limits_{i=1}^{m}(F_i-F_2)(E_i-E_2) \\
\sum\limits_{i=1}^{m}(F_i-F_2)(E_i-E_2)^2 \\
\sum\limits_{i=1}^{m}(F_i-F_2)(E_i-E_2)^3
\end{bmatrix}
\tag{6.9}
$$

式中，m 为数据点的个数。

根据 YGCH 2250，YGCH2500 和 YGCH 3000 三种鼓型护舷的低反力、标准反力和高反力型护舷的变形性能曲线，利用式（6.7）～式（6.9）计算得出三个分段函数的系数，进而得到分段函数图 6.3 为 YGCH 2500（RO）型护舷的计算结果与实际结果的比较。从图 6.3 可以看出，拟合曲线与实际曲线非常接近，所以用拟合公式描述实际的护舷反力曲线是可行的。

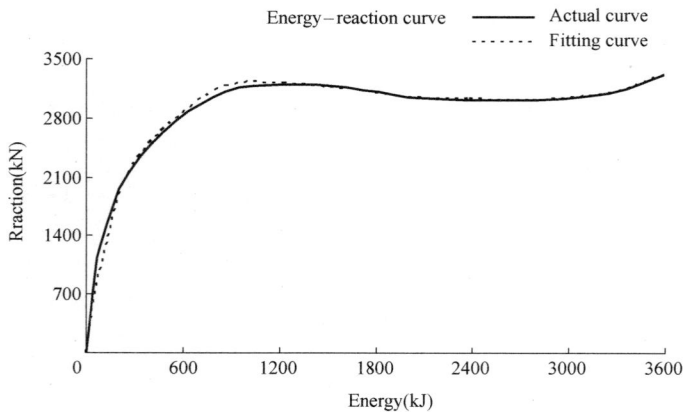

图 6.3 YGCH 2500（RO）护舷的能量-反力比较图

YGCH 2500（RO）型护舷的能量-反力拟合公式：

$$\begin{cases} F_f=12.74E_f-0.02E_f^2+1.1\times10^{-5}E_f^3 \quad 0\leqslant E_f<867.27 \\ F_f=0.57(E_f-867.27)-9.4\times10^{-4}(E_f-867.27)^2+3.5\times10^{-7} \\ \quad (E_f-867.27)^3+3107.79 \quad 867.27\leqslant E_f<2378.93 \\ F_f=0.014(E_f-2378.93)+1.5\times10^{-4}(E_f-2378.93)^2+2.8\times10^{-7} \\ \quad (E_f-2378.93)^3+3017.12 \quad 2378.93\leqslant E_f<3520 \end{cases}$$

其他护舷形式的拟合公式如下所示：

YGCH 2250（RO）型护舷的能量-反力拟合公式：

$$\begin{cases} F_f=11.72E_f-0.021E_f^2+1.4\times10^{-5}E_f^3 \quad 0\leqslant E_f<645.65 \\ F_f=0.796(E_f-645.65)-2.1\times10^{-3}(E_f-645.65)^2+1.23\times10^{-6} \\ \quad (E_f-645.65)^3+2486.3 \quad 645.65\leqslant E_f<1631.6 \\ F_f=-0.18(E_f-1631.6)+1.8\times10^{-4}(E_f-1631.6)^2+1.7\times10^{-7} \\ \quad (E_f-1631.6)^3+2401.4 \quad 1631.6\leqslant E_f<2566 \end{cases}$$

YGCH 2250（RH）型护舷的能量-反力拟合公式：

$$\begin{cases} F_f=9.6E_f-0.01E_f^2+4\times10^{-6}E_f^3 \quad 0\leqslant E_f<755 \\ F_f=0.64(E_f-755)-1.23\times10^{-3}(E_f-755)^2+5.3\times10^{-7}(E_f-755)^3 \\ \quad +3226.6 \quad 755\leqslant E_f<2010 \\ F_f=0.0466(E_f-2010)-1.36\times10^{-4}(E_f-2010)^2+1.6\times10^{-7}(E_f-2010)^3 \\ \quad +3144.4 \quad 2010\leqslant E_f<3336 \end{cases}$$

YGCH 2500（RL）型护舷的能量-反力拟合公式：

$$\begin{cases} F_f=18.5E_f-0.051E_f^2+4.53\times10^{-5}E_f^3 \quad 0\leqslant E_f<610.24 \\ F_f=0.273(E_f-610.24)-5.0\times10^{-4}(E_f-610.24)^2+1.9\times10^{-7} \\ \quad (E_f-610.24)^3+2514.5 \quad 610.24\leqslant E_f<2008.27 \\ F_f=-0.08(E_f-2008.27)+1.43\times10^{-4}(E_f-2008.27)^2+3.1\times10^{-7} \\ \quad (E_f-2008.27)^3+2386.2 \quad 2008.27\leqslant E_f<2992 \end{cases}$$

YGCH 2500（RH）型护舷的能量-反力拟合公式：

$$\begin{cases} F_f=12.19E_f-0.015E_f^2+6.5\times10^{-6}E_f^3 \quad 0\leqslant E_f<1098.63 \\ F_f=0.52(E_f-1098.63)-7.4\times10^{-4}(E_f-1098.63)^2+2.3\times10^{-7} \\ \quad (E_f-1098.63)^3+3940.1 \quad 1098.63\leqslant E_f<2995.4 \\ F_f=0.01(E_f-2995.4)+9.6\times10^{-5}(E_f-2995.4)^2+1.0\times10^{-8} \\ \quad (E_f-2995.4)^3+3872.49 \quad 2995.4\leqslant E_f<4576 \end{cases}$$

YGCH 3000（RL）型护舷的能量-反力拟合公式：

$$\begin{cases} F_f = 7.7E_f - 0.00576E_f^2 + 1.54 \times 10^{-6}E_f^3 \qquad 0 \leqslant E_f < 1197.2 \\ F_f = -0.31(E_f - 1197.2) + 2.2 \times 10^{-4}(E_f - 1197.2)^2 - 4 \times 10^{-8} \\ \qquad (E_f - 1197.2)^3 + 3620.9 \qquad 1197.2 \leqslant E_f < 3290.2 \\ F_f = 0.245(E_f - 3290.2) - 6.2 \times 10^{-4}(E_f - 3290.2)^2 + 3.6 \times 10^{-7} \\ \qquad (E_f - 3290.2)^3 + 3536.3 \qquad 3290.2 \leqslant E_f < 5193 \end{cases}$$

YGCH 3000（RO）型护舷的能量-反力拟合公式：

$$\begin{cases} F_f = 5.72E_f - 0.0023E_f^2 + 2.8 \times 10^{-7}E_f^3 \qquad 0 \leqslant E_f < 1553.8 \\ F_f = 0.71(E_f - 1553.8) - 7.8 \times 10^{-4}(E_f - 1553.8)^2 + 2.0 \times 10^{-7} \\ \qquad (E_f - 1553.8)^3 + 4319.9 \qquad 1553.8 \leqslant E_f < 3830.2 \\ F_f = 0.23(E_f - 3830.2) - 5.6 \times 10^{-4}(E_f - 3830.2)^2 + 2.9 \times 10^{-7} \\ \qquad (E_f - 3830.2)^3 + 4261.5 \qquad 3830.2 \leqslant E_f < 6028 \end{cases}$$

YGCH 3000（RH）型护舷的能量-反力拟合公式：

$$\begin{cases} F_f = 6.5E_f - 0.0026E_f^2 + 4.0 \times 10^{-7}E_f^3 \qquad 0 \leqslant E_f < 2081.9 \\ F_f = 0.41(E_f - 2081.9) - 4.25 \times 10^{-4}(E_f - 2081.9)^2 + 9 \times 10^{-8} \\ \qquad (E_f - 2081.9)^3 + 5807.7 \qquad 2081.9 \leqslant E_f < 4879.6 \\ F_f = -0.012(E_f - 4879.6) + 8.5 \times 10^{-5}(E_f - 4879.6)^2 + 2.0 \times 10^{-8} \\ \qquad (E_f - 4879.6)^3 + 5680.6 \qquad 4879.6 \leqslant E_f < 7521 \end{cases}$$

将拟合公式代入式（6.5）得到关于护舷变形能 E_f 的 6 次方程，求解该非线性方程求出护舷变形能，再根据拟合公式即可计算船舶的撞击力。本章求解非线性方程时，采用对分法进行求解[106]。

6.3　随机变量的统计分布

在公式（6.5）中，船舶靠岸速度、有效动能系数和船舶的质量均应看作是随机变量，同时还要考虑计算模式的不定性，为此需要讨论其统计特性。

（1）船舶法向速度的分布

文献［107］对国内某深水开敞式码头的船舶靠岸速度进行了现场观测，共观测了 28 艘轮船。经统计计算，靠岸速度的平均值和变异系数分别为 0.126m/s 和 0.18，靠岸速度的分布类型为极值Ⅰ型分布，由此可得到极值Ⅰ型分布函数的参数 α 和 u 分别为

$$\alpha = \frac{1.2826}{\sigma_v} = \frac{1.2826}{0.126 \times 0.18} = 55.7$$

$$u = \mu_v - \frac{0.5772}{\alpha} = 0.126 - \frac{0.5772}{55.7} = 0.116$$

式中，μ_v 和 σ_v 分别为靠船速度的平均值和标准差。

靠船速度的概率分布函数为

$$F_V(v) = \exp\{-\exp[-55.7(v-0.116)]\} \tag{6.10}$$

（2）有效动能系数 ρ 的分布

由于船舶的有效动能系数 ρ 由附加质量系数 C_m 和偏心率折减系数 C_e 决定。文献［104］根据实测结果认为 C_m 服从对数正态分布，平均值和变异系数分别为 1.877 和 0.04；C_e 也服从对数正态分布，平均值和变异系数分别为 0.531 和 0.03。由此可得到 C_m 和 C_e 对数的平均值和标准差分别为

$$\mu_{\ln C_m} = \ln\left(\frac{\mu_{C_m}}{\sqrt{1+\delta_{C_m}^2}}\right) = \ln\left(\frac{1.877}{\sqrt{1+0.04^2}}\right) = 0.63$$

$$\sigma_{\ln C_m} = \sqrt{\ln(1+\delta_{C_m}^2)} = \sqrt{\ln(1+0.04^2)} = 0.04$$

$$\mu_{\ln C_e} = \ln\left(\frac{\mu_{C_e}}{\sqrt{1+\delta_{C_e}^2}}\right) = \ln\left(\frac{0.531}{\sqrt{1+0.03^3}}\right) = -0.63$$

$$\sigma_{\ln C_e} = \sqrt{\ln(1+\delta_{C_e}^2)} = \sqrt{\ln(1+0.03^2)} = 0.03$$

式中，$\mu_{\ln C_m}$ 和 $\mu_{\ln C_e}$ 分别为 C_m 和 C_e 对数的平均值；$\sigma_{\ln C_m}$ 和 $\sigma_{\ln C_e}$ 分别为 C_m 和 C_e 对数的标准差；μ_{C_m} 和 μ_{C_e} 分别为 C_m 和 C_e 的平均值；δ_{C_m} 和 δ_{C_e} 分别为 C_m 和 C_e 的变异系数。

由此可得到 C_m 和 C_e 的概率分布函数分别为

$$F_{C_m}(c_m) = \Phi\left(\frac{\ln c_m - \mu_{\ln C_m}}{\sigma_{\ln C_m}}\right) = \Phi\left(\frac{\ln c_m - 0.63}{0.04}\right) \tag{6.11}$$

$$F_{C_e}(c_e) = \Phi\left(\frac{\ln c_e - \mu_{\ln C_e}}{\sigma_{\ln C_e}}\right) = \Phi\left(\frac{\ln c_e + 0.63}{0.03}\right) \tag{6.12}$$

（3）船舶实际载重吨位的概率分布

文献［104］根据实测给出了船舶吨位为 10000DWT、15000DWT、20000DWT 和 35000DWT 船舶的实际载重吨位的统计资料，由此可得船舶实际载重吨位与设计载重吨位比值 k_M 的平均值 μ_{k_M} 和变异系数 δ_{k_M} 为

$$\mu_{k_M} = \frac{1}{4}(k_{M_1} + k_{M_2} + k_{M_3} + k_{M_4}) = \frac{1}{4} \times$$

$$(0.9322 + 0.823 + 0.6659 + 0.8647) = 0.821$$

$$\delta_{k_M} = \frac{1}{4}(\delta_{M_1} + \delta_{M_2} + \delta_{M_3} + \delta_{M_4}) = \frac{1}{4} \times$$

$$(0.7387 + 0.6197 + 0.7684 + 0.4995) = 0.657 \tag{6.13}$$

由于实际载重吨位服从对数正态分布，所以实际载重吨位与设计载重吨位的比值 k_M 也服从对数正态分布。由此可得到 k_M 对数的平均值和标准差分别为

$$\mu_{\ln k_M} = \ln\left(\frac{\mu_{k_M}}{\sqrt{1+\delta_{k_M}^2}}\right) = \ln\left(\frac{0.821}{\sqrt{1+0.657^2}}\right) = -0.377$$

$$\sigma_{\ln k_M} = \sqrt{\ln(1+\delta_{k_M}^2)} = \sqrt{\ln(1+0.657^2)} = 0.599$$

式中，$\mu_{\ln k_M}$ 和 $\sigma_{\ln k_M}$ 分别为 k_M 对数的平均值和标准差；μ_{k_M} 和 δ_{k_M} 分别为 k_M 的平均值和变异系数。

由此得到 k_M 的概率分布函数为

$$F_{k_M}(k_M) = \Phi\left(\frac{\ln k_M + 0.377}{0.599}\right) \tag{6.14}$$

（4）计算模式的不确定性

撞击力计算模式的不确定性，是指撞击力计算中采用的基本假定的近似性和计算公式的不精确性等引起的不确定性。撞击力计算模式的不确定性用随机变量 K_p 表示

$$K_p = \frac{F_x}{F_{xk}}$$

式中，F_x 为船舶靠岸撞击力；F_{xk} 为按照规范公式计算得到的撞击力。根据文献 [107] 的实测数据，得到 K_p 的平均值 $\mu_{K_p} = 1.02$，变异系数 $\delta_{K_p} = 0.15$，分布类型按对数正态分布考虑。由此可得到 K_p 对数的平均值和标准差分别为

$$\mu_{\ln K_p} = \ln\left(\frac{\mu_{K_p}}{\sqrt{1+\delta_{K_p}^2}}\right) = \ln\left(\frac{1.02}{\sqrt{1+0.15^2}}\right) = 0.009$$

$$\sigma_{\ln K_p} = \sqrt{\ln(1+\delta_{K_p}^2)} = \sqrt{\ln(1+0.15^2)} = 0.149$$

式中，$\mu_{\ln K_p}$ 和 $\sigma_{\ln K_p}$ 分别为 K_p 对数的平均值和标准差；μ_{K_p} 和 δ_{K_p} 分别为 K_p 的平均值和变异系数。

由此可得到 K_p 的概率分布函数为

$$F_{K_p}(K_p) = \Phi\left(\frac{\ln K_p - 0.009}{0.149}\right) \tag{6.15}$$

6.4 撞击力统计分析

6.4.1 撞击力的 Monte-Carlo 模拟

根据文献 [103]，船体的刚度系数 k_s 近似取为 $9.0 \times 10^4 \mathrm{kN/m}$；由于本文分析的靠船墩具有一定柔性，其刚度与其结构形式有关，在研究撞击力的概率密度函数时，以 YGCH2500（RO）型护舷的初始刚度为基准刚度，靠船墩刚度为基准刚度 100 倍。

首先采用 Monte-Carlo 模拟产生 10^5 个撞击能的样本值，由于每一种护舷都

有自己的能量-反力曲线，所以即使是相同的撞击能，对于不同的护舷会得到不同的撞击力样本值。本文通过对 YGCH2250、YGCH2500 和 YGCH3000 三类护舷的分析，将得到的撞击力样本值分组画出直方图，得到了三个代表性的分布类型，分别为 YGCH2250（RO），YGCH2500（RO）和 YGCH3000（RO）护舷的撞击力分布图，其余类型护舷的撞击力分布与这 3 种类型护舷相似。图 6.4 (a) 为 YGCH2500（RO）护舷撞击力样本在整个坐标下的分布直方图，6.4 (b) 为在局部坐标下的分布图，图 6.4 (c) 为 YGCH2250（RH）型护舷撞击力在局部坐标下的样本分布直方图，图 6.4 (d) 为 YGCH 3000（RO）型护舷撞击力在局部坐标下的样本分布直方图。由图 6.4 可看出，撞击力的分布有很大的集中性，而且呈现双峰的分布。常用的概率分布函数都是单峰的，不能反映撞击力双峰分布的特点，所以需要采用其他的概率模型进行分析[100]。

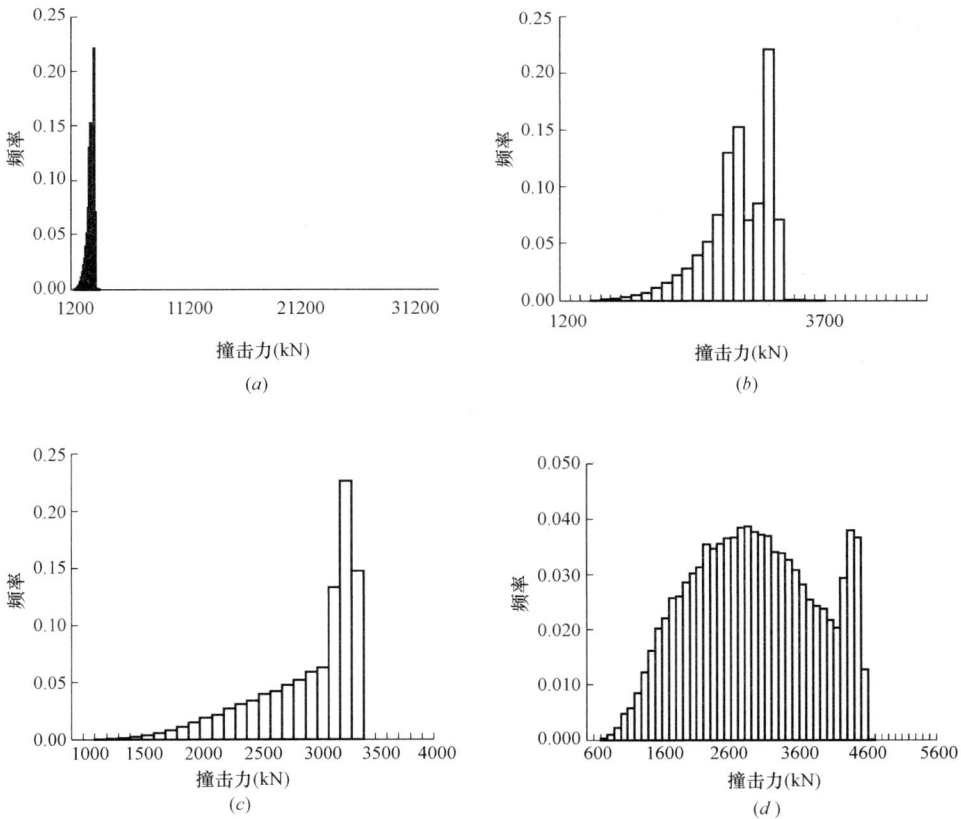

图 6.4 船舶撞击力样本分布

(a) YGCH2500（RO）（整体）；(b) YGCH2500（RO）（局部）；

(c) YGCH2250（RH）（局部）；(d) YGCH3000（RO）（局部）

多峰分布可看做是多个不同单峰分布组合的结果。假定第 i 个概率密度函数为 $f_i(x)$，将 n 个单峰分布组合在一起，则组合后的概率密度函数可表示为

$$f_X(x) = \sum_{i=1}^{n} p_i f_i(x) \tag{6.16}$$

式中，p_i 比例系数，满足 $\sum_{i=1}^{n} p_i = 1$。

组合后的概率分布函数为

$$F_X(x) = \sum_{i=1}^{n} p_i F_i(x) \tag{6.17}$$

由图 6.4 (b)、(c) 和 (d) 可看出，撞击力分布可看做是两个概率分布组合的结果，根据直方图两部分的分布特点，第一个概率分布选用灵活性较大的 Beta 分布，第二个分布选用正态分布进行模拟[108]。这样撞击力的概率密度函数可写为

$$f_X(x) = \begin{cases} \dfrac{p}{B(\alpha,\beta)(b-a)} \left(\dfrac{x-a}{b-a}\right)^{\alpha-1} \cdot \left(\dfrac{b-x}{b-a}\right)^{\beta-1} + \dfrac{1-p}{\sigma_2} \varphi\left(\dfrac{x-\mu_2}{\sigma_2}\right) & a < x < b \\ \dfrac{1-p}{\sigma_2} \varphi\left(\dfrac{x-\mu_2}{\sigma_2}\right) & x \geqslant b \end{cases} \tag{6.18}$$

式中，α、β 为 Beta 分布参数；a、b 为 Beta 函数的界限；p 为权系数；μ_2、σ_2 为正态分布的平均值和标准差。

正态分布和 Beta 分布的概率密度函数如图 6.5 所示。

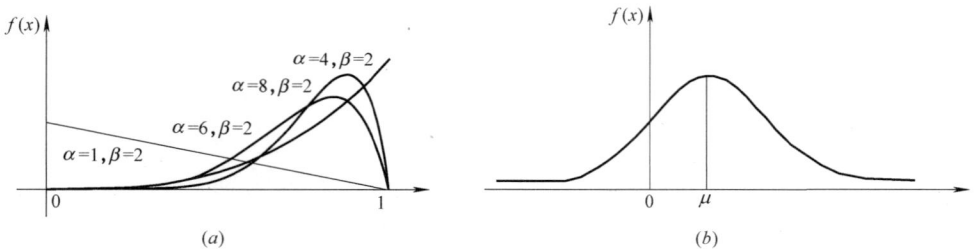

图 6.5 概率密度函数

(a) beta 分布；(b) 正态分布

概率分布函数为

$$F_X(x) = \begin{cases} \dfrac{p}{B(\alpha,\beta)} \int_a^x \left(\dfrac{t-a}{b-a}\right)^{\alpha-1} \cdot \left(\dfrac{b-t}{b-a}\right)^{\beta-1} \mathrm{d}t + (1-p)\Phi\left(\dfrac{x-\mu_2}{\sigma_2}\right) & a < x < b \\ p + (1-p)\Phi\left(\dfrac{x-\mu_2}{\sigma_2}\right) & x \geqslant b \end{cases} \tag{6.19}$$

根据 YGCH2250（RH）、YGCH2500（RO）和 YGCH3000（RO）的撞击力样本值，使用最大似然法对式（6.18）中的 7 个未知参数 α、β、a、b、μ_2、σ_2 和 p 进行估计，得到对应于这三种护舷撞击力概率密度函数的分布参数如表 6.1 所示。

概率密度函数的分布参数　　　　　　　　　　　表 6.1

护舷类型	分布参数						
	α	β	a	b	μ_2	σ_2	p
YGCH2250(RH)	4.04	1.38	945.9	3194	3301	92.3	0.46
YGCH2500(RO)	7.96	2.0	1200	3130	3200	55	0.7
YGCH3000(RO)	2.78	2.1	495.5	4500.7	4396.6	118.9	0.9

将表 6.1 中的参数代入式（6.18）和式（6.19），得到 YGCH2250（RH）型护舷对应的撞击力概率密度函数为

$$f_X(x) = \begin{cases} \dfrac{0.46}{2248.1 \times B(4.04, 1.38)} \times \left(\dfrac{x - 945.9}{2248.1}\right)^{3.04} \times \\ \left(\dfrac{3194 - x}{2248.1}\right)^{0.38} + \dfrac{0.54}{92.3}\varphi\left(\dfrac{x - 3301}{92.3}\right) & 945.9 < x < 3194 \\ \dfrac{0.54}{92.3}\varphi\left(\dfrac{x - 3301}{92.3}\right) & x \geqslant 3194 \end{cases}$$

(6.20)

概率分布函数为

$$F_X(x) = \begin{cases} \dfrac{0.46}{2248.1 \times B(4.04, 1.38)} \int_{945.9}^{x} \left(\dfrac{t - 945.9}{2248.1}\right)^{3.04} \times \\ \left(\dfrac{3194 - t}{2248.1}\right)^{0.38} dt + 0.54 \times \Phi\left(\dfrac{x - 3301}{92.3}\right) & 945.9 < x < 3194 \\ 0.46 + 0.54 \times \Phi\left(\dfrac{x - 3301}{92.3}\right) & x \geqslant 3194 \end{cases}$$

(6.21)

YGCH2500（RO）型护舷对应的撞击力的概率密度函数为

$$f_X(x) = \begin{cases} \dfrac{0.7}{1930 \times B(7.96, 2.0)}\left(\dfrac{x - 1200}{1930}\right)^{6.96} \times \left(\dfrac{3130 - x}{1930}\right) \\ + \dfrac{0.3}{55.0} \times \varphi\left(\dfrac{x - 3200}{55.0}\right) & 1200 < x < 3130 \\ \dfrac{0.3}{55.0} \times \varphi\left(\dfrac{x - 3200}{55.0}\right) & x \geqslant 3130 \end{cases}$$

(6.22)

概率分布函数为

$$F_X(x) = \begin{cases} \dfrac{0.7}{1930 \times B(7.96, 2.0)} \displaystyle\int_{1200}^{x} \left(\dfrac{t-1200}{1930}\right)^{6.96} \times \\[2mm] \left(\dfrac{3130-t}{1930}\right) \mathrm{d}t + 0.3 \times \Phi\left(\dfrac{x-3200}{55}\right) & 1200 < x < 3130 \\[4mm] 0.7 + 0.3 \times \Phi\left(\dfrac{x-3200}{55}\right) & x \geqslant 3130 \end{cases}$$

$$(6.23)$$

YGCH3000（RO）型护舷对应的撞击力的概率密度函数为

$$f_X(x) = \begin{cases} \dfrac{0.9}{4005.2 \times B(2.78, 2.1)} \left(\dfrac{x-495.5}{4005.2}\right)^{1.78} \times \\[2mm] \left(\dfrac{4500.7-x}{4005.2}\right)^{1.1} + \dfrac{0.1}{118.9} \times \varphi\left(\dfrac{x-4396.6}{118.9}\right) & 495.5 < x < 4500.7 \\[4mm] \dfrac{0.1}{118.9} \times \varphi\left(\dfrac{x-4396.6}{118.9}\right) & x \geqslant 4500.7 \end{cases}$$

$$(6.24)$$

概率分布函数为

$$F_X(x) = \begin{cases} \dfrac{0.9}{4005.2 \times B(2.78, 2.1)} \displaystyle\int_{495.5}^{x} \left(\dfrac{t-495.5}{4005.2}\right)^{1.78} \\[2mm] \times \left(\dfrac{4500.7-t}{4005.2}\right)^{1.1} \mathrm{d}t + 0.1 \times \Phi\left(\dfrac{x-4396.6}{118.9}\right) & 495.5 < x < 4500.7 \\[4mm] 0.9 + 0.1 \times \Phi\left(\dfrac{x-4396.6}{118.9}\right) & x \geqslant 4500.7 \end{cases}$$

$$(6.25)$$

图 6.6（a）为 YGCH2500（RO）型护舷对应的撞击力概率密度曲线式（6.22）与样本直方图的比较。图 6.6（b）和（c）分别给出了 YGCH2250（RH）型护舷和 YGCH3000（RO）型护舷对应的撞击力概率密度曲线与样本直方图的比较。由图 6.6 可看出，用一个 Beta 分布和一个正态分布进行组合得到的概率密度函数能够很好地反映撞击力真实的分布，反映了船舶撞击力概率密度曲线双峰分布的特点。

6.4.2　撞击力的统计参数与概率分布函数

由于船舶撞击力的大小与护舷的种类和刚度比有关，本章计算船舶撞击力的统计参数时，靠船墩的刚度取为 40、50、60、70、80、90 和 100 倍的基准刚度，选择 3 种有代表性护舷 YGCH 2250（RH）、YGCH 2500（RO）和 YGCH 3000（RO）进行统计分析。

同样，采用 Monte-Carlo 方法产生 10^3 组符合各随机变量分布类型的样本值，通过求解非线性方程可计算出 10^3 组船舶靠岸撞击力，对这些撞击力进行统

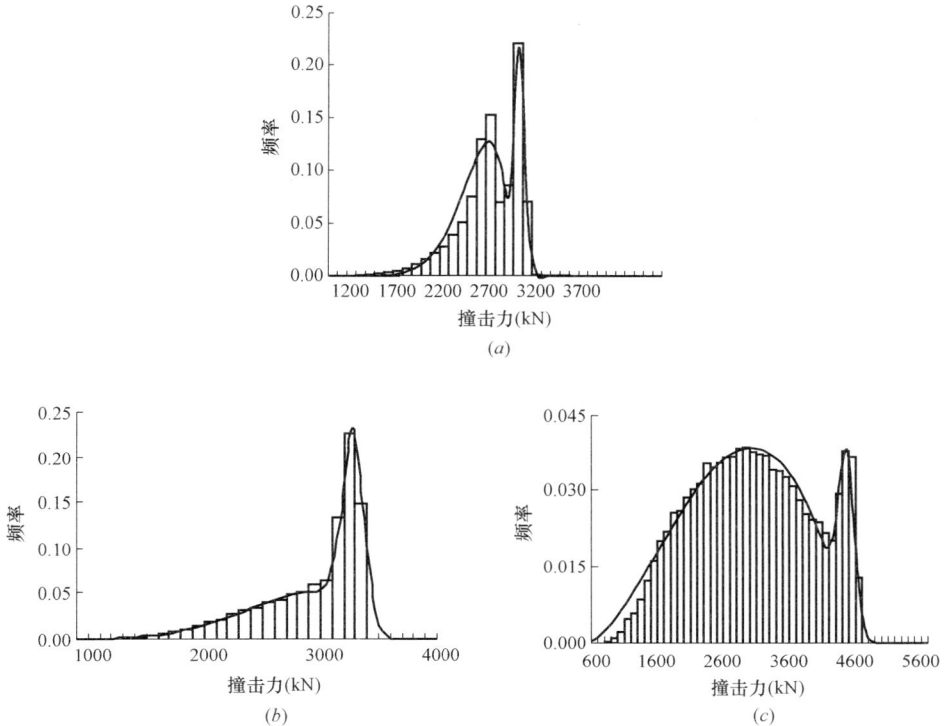

图 6.6　船舶撞击力概率密度分布

(*a*) YGCH2500（RO）；(*b*) YGCH2250（RH）；(*c*) YGCH3000（RO）

计分析，即得到撞击力的平均值和变异系数。

取 30 万吨级船舶进行分析，采用《港口工程荷载规范》建议的方法计算船舶撞击能的标准值，将撞击能的标准值代入能量-反力的计算公式可得到撞击力的标准值。

为使统计结果对各种护舷具有普遍使用性，以撞击力的标准值除撞击力的平均值得到撞击力的无量纲统计参数 k_{Imp}。

表 6.2 给出了三种护舷在不同刚度比下船舶撞击力的统计参数，表中 δ_{Imp} 为撞击力的变异系数。

不同刚度比下船舶撞击力的统计参数　　　　　　　　　　　表 6.2

护舷类型	统计参数	刚度比							平均值
		40	50	60	70	80	90	100	
YGCH2250（RH）	k_{Imp}	0.9294	0.9411	0.9452	0.9474	0.9487	0.9496	0.9503	0.945
	δ_{Imp}	0.3490	0.3802	0.3948	0.4033	0.4088	0.4127	0.4156	0.395

护舷类型	统计参数	刚度比							平均值
		40	50	60	70	80	90	100	
YGCH2500 (RO)	k_{Imp}	0.9274	0.9379	0.9416	0.9436	0.9448	0.9456	0.9462	0.941
	δ_{Imp}	0.3234	0.3559	0.3709	0.3795	0.3851	0.3890	0.3919	0.371
YGCH3000 (RO)	k_{Imp}	0.6385	0.6455	0.6480	0.6493	0.6501	0.6506	0.6510	0.648
	δ_{Imp}	0.3382	0.3363	0.3359	0.3358	0.3357	0.3357	0.3357	0.336

由表 6.2 可得到船舶撞击力平均值与标准值比值的平均值 $k_{Imp}=0.845$；变异系数 $\delta_{Imp}=0.367$。

上面分析确定的概率分布函数反映的是船舶撞击一次时产生的撞击力的结果。设码头的设计基准期为 50a，则船舶撞击力在设计基准期内的最大值分布为 50a 撞击力的最大值分布。参考文献 [109]，码头在 1a 时间内平均靠泊次数取为 50 次，则在设计基准期 50a 内靠泊约 2500 次。

按照数理统计理论，如果随机变量 X 的概率分布函数为 $F_X(x)$，则同分布随机变量 X_1、X_2、$\cdots$、X_m 中最大值的概率分布函数为

$$F_{X,\max}(x)=[F_X(x)]^m \tag{6.26}$$

概率密度函数为

$$f_{X,\max}(x)=mf_X(x)[F_X(x)]^{m-1} \tag{6.27}$$

根据式（6.26）和式（6.27），1a 内撞击力最大值的概率分布函数和概率密度函数分别为

$$F_{X,\max}(x)=\begin{cases}[F_{X,1}(x)]^{50}\\[F_{X,2}(x)]^{50}\end{cases} \tag{6.28}$$

$$f_{X,\max}(x)=\begin{cases}50f_{X,1}(x)[F_{X,1}(x)]^{50-1} & a<x<b\\50f_{X,2}(x)[F_{X,2}(x)]^{50-1} & x\geq b\end{cases} \tag{6.29}$$

式中，$F_{X,1}(x)$ 为第 1 段的概率分布函数；$F_{X,2}(x)$ 为第 2 段的概率分布函数；$f_{X,1}(x)$ 为第一段的概率密度函数；$f_{X,2}(x)$ 为第二段的概率密度函数；a、b 为分段函数的界限。

在设计基准期内，撞击力最大值的概率分布函数和概率密度函数分别为

$$F_{X,\max}(x)=\begin{cases}[F_{X,1}(x)]^{2500} & a<x<b\\[F_{X,2}(x)]^{2500} & x\geq b\end{cases} \tag{6.30}$$

$$f_{X,\max}(x)=\begin{cases}2500f_{X,1}(x)[F_{X,1}(x)]^{2500-1} & a<x<b\\2500f_{X,2}(x)[F_{X,2}(x)]^{2500-1} & x\geq b\end{cases} \tag{6.31}$$

根据概率论原理，随机变量的极值分布有趋近于极值 I 型分布的特点[110]，所以本文用极值 I 型分布的概率密度函数优化拟合撞击力的概率分布，得到 1a

和 50a 时间内船舶最大撞击力分布参数 α 和 u 如表 6.3 所示。

船舶最大撞击力概率分布 表 6.3

护舷种类	时间段	参数		分布类型
		α	u	
YGCH2250（RH）	1a	0.0269	3495.1	极值 I 型分布
	50a	0.0394	3612.9	
YGCH2500（RO）	1a	0.0412	3302.1	极值 I 型分布
	50a	0.0634	3376.8	
YGCH3000（RO）	1a	0.0143	4552.7	极值 I 型分布
	50a	0.0268	4739.8	

图 6.7～图 6.9 分别示出了 YGCH2250（RH）、YGCH2500（RO）和 YGCH3000（RH）三种护舷在 1a 和 50a 内船舶最大撞击力的概率密度函数（阴影线）及用极值 I 型分布拟合的概率密度函数。由图可见，用极值 I 型分布拟合效果很好，所以可认为在 1a 和 50a 内船舶最大撞击力服从极值 I 分布。

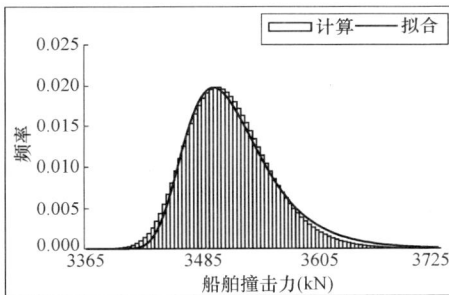
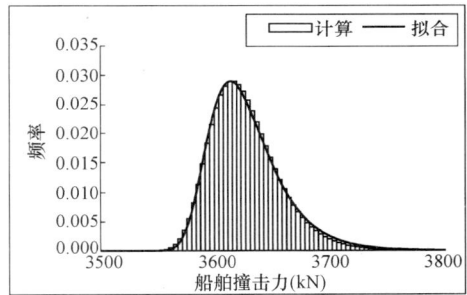

(a) (b)

图 6.7 YGCH2250（RH）护舷船舶撞击力概率分布

(a) 1a；(b) 50a

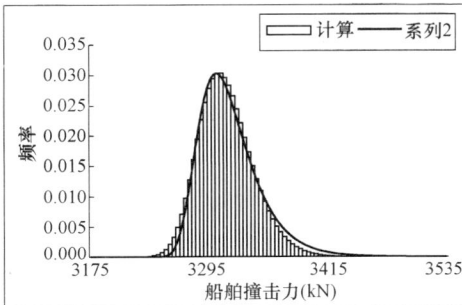
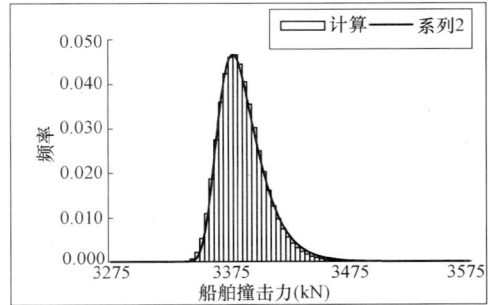

(a) (b)

图 6.8 YGCH2500（RO）护舷船舶撞击力概率分布

(a) 1a；(b) 50a

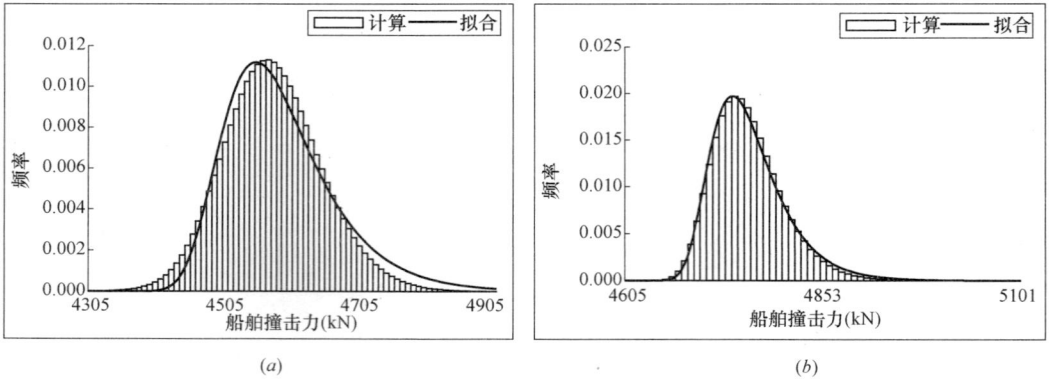

(a) 　　　　　　　　　　　　　　　　　*(b)*

图 6.9　YGCH3000（RO）护舷船舶撞击力概率分布

(a) 1a；*(b)* 50a

计算 1a 和 50a 内船舶最大撞击力的平均值与标准值的比值时，仅考虑 YGCH2250（RH）、YGCH2500（RO）和 YGCH3000（RH）三种代表性护舷，靠船墩的刚度取为 40、50、60、70、80、90 和 100 倍的基准刚度，计算结果的平均值如表 6.4 所示。

1a 和 50a 内船舶撞击力统计参数　　　　　　　　　　表 6.4

时间	统计参数	YGCH2250(RH)	YGCH2500(RO)	YGCH3000(RH)	平均值
1a	$\mu_{K_{hor}}$	1.118	1.078	1.025	1.073
	$\delta_{K_{hor}}$	0.012	0.008	0.016	0.012
50a	$\mu_{K_{hor}}$	1.136	1.089	1.045	1.090
	$\delta_{K_{hor}}$	0.010	0.007	0.013	0.010

6.5　本章小结

考虑船体、靠船墩弹性变形和护舷非线性变形，对轻型码头结构承受的靠岸撞击力进行了统计分析。根据撞击力样本的分布特点，用 beta 分布概率密度函数与正态分布概率密度函数的组合描述撞击力的双峰概率密度函数，并用最大似然法估计撞击力概率密度函数的参数，进而给出设计基准期内船舶撞击力的均值系数、变异系数和概率分布模型。

7 波浪作用下系泊船舶撞击力的统计分析

7.1 引言

波浪作用下船舶撞击力的计算非常复杂，与很多因素有关，如波浪的特征，靠泊船的状况，建筑物前沿水深等，目前国内外尚无严格的纯理论方法可供使用。本章针对轻型码头结构的特点，对《港口工程荷载规范》JTJ 215—1998 给出的计算公式进行了统计分析，为下一步的可靠度计算提供科学的依据。

7.2 撞击力计算

由于波浪引起的船舶撞击力计算非常复杂，《港口工程荷载规范》JTJ 215—1989 中只给出横浪作用下船舶撞击力的计算公式

$$E_{wo} = \frac{1}{2} C_m M v_b^2 \tag{7.1}$$

$$v_b = \alpha_1 \frac{H}{T} \frac{L}{B} \frac{d}{D} \tag{7.2}$$

式中，E_{wo} 为横浪作用下系泊船舶有效撞击能量（kJ）；C_m 为船舶附加水体质量系数；M 为船舶质量（t），按与船舶计算装载度相应的排水量计算；v_b 为横浪作用下系泊船舶对码头撞击的法向速度；α_1 为系数（橡胶防冲设施取用 0.2）；H 为波高（m），按船舶不离开码头的最大波高计算；$\overline{T}$ 为平均周期；B 为船宽；d 为码头前沿水深；D 为船舶平均吃水；L 为波长，按式（7.3）计算

$$L = g \frac{\overline{T}^2}{2\pi} \tanh \frac{2\pi d}{L} \tag{7.3}$$

将式（7.2）和式（7.3）代入式（7.1），得

$$E_{wo} = \frac{\alpha_1^2}{4\pi} C_m M g H (H/L)(L/B)^2 (d/D)^2 \tanh \frac{2\pi d}{L} \tag{7.4}$$

式（7.4）为《港口工程荷载规范》JTJ 215—1989 建议的系泊船舶撞击力计算公式。《港口工程荷载规范》JTJ 215—1998 对式（7.4）做了适当的调整，将 d/D 的幂次改为 2.5，并将系数 α_1 提高到 0.22，为表达方便，系数 $\alpha_1^2/4\pi$ 近似取为 0.004，得到系泊船舶有效撞击能量 E_{wo} 的计算公式为

$$E_{wo} = \alpha C_m M g \frac{H^2}{L} (L/B)^2 (d/D)^{2.5} \tanh\left(\frac{2\pi d}{L}\right) \tag{7.5}$$

式中，α 取 0.004。

当系靠船结构物由多个靠船墩组成时，分配在每个靠船墩上的有效撞击能 E_w 按下式计算

$$E_w = \frac{K}{n} E_{wo} \tag{7.6}$$

式中，E_w 为分配在每个墩上的有效撞击能（kJ）；n 为靠船墩数目；K 为靠船墩之间有效撞击能分配不均匀系数。

将式（7.5）代入式（7.6），得

$$E_w = \frac{K}{n}\left[\alpha C_m M g \frac{H^2}{L} (L/B)^2 (d/D)^{2.5} \tanh\left(\frac{2\pi d}{L}\right)\right] \tag{7.7}$$

7.3 船舶撞击能的统计分析

对系泊船舶撞击能进行统计分析，首先需要分析各影响变量的统计特性。在式（7.7）中，α、C_m、K 和 H 为随机变量，下面分别对它们进行统计分析。

（1）参数 α 的统计分析

文献 [111, 112] 通过模型试验，给出了参数 α_1 的试验数据，由于 $\alpha = \alpha_1^2 / 4\pi$，经转化得到 α 如表 7.1 所示。

参数 α 的试验数据　　　　　　　　　　表 7.1

α 试验值							
0.00156	0.00143	0.00244	0.00249	0.00113	0.00135	0.00217	0.00249
0.00191	0.00152	0.00172	0.00038	0.00060	0.00080	0.00177	0.00088
0.00264	0.00284	0.00249	0.00230	0.00365	0.00115	0.00102	0.00191
0.00107	0.00083	0.00161	0.00143	0.00143	0.00083	0.00107	0.00102
0.00177	0.00204	0.00278	0.00132	0.00103	0.00137	0.00204	0.00170

α 的平均值为 0.0016，变异系数为 0.432。对 α 进行 K-S 检验，取显著性水平 $\alpha = 0.05$，则拒绝域为 $[1.36，+\infty]$。经计算，正态分布、对数正态分布和极值 I 型分布的最大偏差分别为 0.68、0.64 和 0.63，均不落在拒绝域内。考虑到对数正态分布和极值 I 型分布的最大偏差差别不大，并且参数 α 的值不能为负，所以本文选择对数正态分布作为参数 α 的概率分布模型。

（2）附加质量系数 C_m 的统计分析

附加质量系数 C_m 的试验数据[111,112]如表 7.2 所示。

附加质量系数 C_m 的试验数据   表 7.2

工况	C_m 试验值						平均值	变异系数
满载	1.17	1.25	1.31	1.35	1.41	1.50	1.43	0.163
	1.50	1.94	1.76	1.31	1.25	—		
半载	1.09	0.98	1.09	1.17	1.23	—	1.11	0.085
空载	1.04	1.05	1.18	0.74	1.07	1.00	1.02	0.100
	1.01	0.98	1.04	1.03	1.08	0.77		
	1.08	1.03	1.03	0.99	1.06	1.06		
	1.09	0.74	1.00	1.02	1.19	1.03		
	1.02	1.02	1.03	0.99	1.06	1.04		

由于满载和半载的试验数据比较少，所以仅对空载条件下的附加质量系数进行 K-S 检验。取显著性水平 $\alpha=0.05$，则拒绝域为 $[1.36，+\infty]$。经计算，正态分布，对数正态分布和极值 I 型分布的最大偏差分别为 1.26，1.35 和 1.54，则不拒绝正态分布和对数正态分布。本文选择正态分布作为附件质量系数 C_m 的概率分布模型。

（3）不均匀系数 K 的统计分析

撞击能不均匀系数 K 的试验[111,112]结果如表 7.3 所示。

撞击能不均匀系数 K 的试验数据   表 7.3

K 试验值											
1.54	1.36	1.26	1.37	1.85	1.13	1.04	1.53	1.55	1.01	1.03	1.17
1.32	1.16	1.01	1.4	1.28	1.01	1.67	1.14	1.01	1.07	1.1	1.15
1.07	1.16	1.16	1.26	1.35	1.05	1.25	1.37	1.17	1.38	1.07	—
1.03	1.1	1.47	1.39	1.47	1.69	1.13	1.21	1.17	1.48	1.11	—

不均匀系数 K 的平均值为 1.25，变异系数为 0.165。对不均匀系数 K 进行 K-S 检验，取显著性水平 $\alpha=0.05$，则拒绝域为 $[1.36，+\infty]$。经计算，正态分布、对数正态分布和极值 I 型分布的最大偏差分别为 1.22，1.06 和 0.91，均不落在拒绝域内。本文选择极值 I 型分布作为不均匀系数 K 的概率分布模型。

（4）波高 H 的统计分析

渤海海域年极值波高的统计资料[37]如表 7.4 所示。

波高的统计参数   表 7.4

海区	时间段	分布参数		h 统计参数		分布类型
		α_h	u_h	μ_h(m)	δ_h	
1	1a	1.657	3.577	3.93	0.197	极值 I 型
	50a	1.657	5.938	6.29	0.123	
2	1a	2.434	4.303	4.54	0.116	极值 I 型
	50a	2.434	5.910	6.15	0.086	

7.3.1 有效撞击能的统计参数

根据上面各随机变量的统计参数，可计算有效撞击能的统计参数。由式（7.7）得

$$k'_{E_w} = \frac{\mu_{E_w}}{E_{wk}} = \frac{\mu_\alpha}{\alpha_k} \cdot \frac{\mu_K}{K_k} \cdot \frac{\mu_{C_m}}{C_{mk}} \cdot \left(\frac{\mu_H}{H_k}\right)^2 \tag{7.8}$$

$$\delta'_{E_w} = \sqrt{\delta_\alpha^2 + \delta_K^2 + \delta_{C_m}^2 + 4\delta_H^2} \tag{7.9}$$

参考港口工程荷载规范，取 $\alpha_k = 0.004$，$K_k = 1.8$，满载时 $C_{mk} = 1.45$，半载时 $C_{mk} = 1.25$，空载时 $C_{mk} = 1.05$。将各随机变量的统计参数代入式（7.8）和式（7.9），得到有效撞击能最大值的统计参数（未考虑模型不定性），如表7.5 所示。

由表7.5 可看出，有效撞击能的均值系数比较小，造成这种结果的主要原因是规范规定的参数 α 的标准值比较大，α_1 的平均值为 $0.14^{[96]}$，《港口工程荷载规范》JTJ 215—1989 中 α_1 的标准值取为 0.2，而《港口工程荷载规范》JTJ 215—1998 将 α_1 的标准值提高到 0.22，并且为了计算方便将 $\alpha_1^2/4\pi$ 近似取为 0.004，这就相当于间接将 α_1 的标准值取为 0.224。

有效撞击能最大值统计参数（未考虑模型不定性） 表 7.5

海区	时间段	统计参数	满载	半载	空载	平均值
1	1a	均值系数	0.120	0.108	0.118	0.115
		变异系数	0.629	0.613	0.616	0.619
	50a	均值系数	0.307	0.277	0.303	0.295
		变异系数	0.549	0.531	0.533	0.537
2	1a	均值系数	0.162	0.146	0.159	0.155
		变异系数	0.542	0.524	0.527	0.531
	50a	均值系数	0.297	0.267	0.292	0.285
		变异系数	0.520	0.501	0.503	0.508

用 K_p 表示有效撞击能计算模式的不确定性，则

$$K_p = \frac{E_w}{E_{wk}} \tag{7.10}$$

式中，E_w 为有效撞击能试验值；E_{wk} 为按照规范公式计算得到的有效撞击能。满载时，K_p 的平均值 $\mu_{K_p} = 0.74$，变异系数 $\delta_{K_p} = 0.48$；半载时，K_p 的平均值 $\mu_{K_p} = 0.58$，变异系数 $\delta_{K_p} = 0.43$；空载时，K_p 的平均值 $\mu_{K_p} = 0.47$，变异系数 $\delta_{K_p} = 0.64^{[111,112]}$。这样，考虑计算模型不定性后，有效撞击能的统计参数可表示为

$$k_{E_w} = \mu_{k_p} k'_{E_w} \tag{7.11}$$

$$\delta_{E_w} = \sqrt{\delta_{K_p}^2 + \delta'^2_{E_w}} \tag{7.12}$$

表 7.6 为考虑模型不定性后，有效撞击能的统计参数。

由于两个海区得到的有效撞击能最大值的均值系数和变异系数差别不是很大，为方便计算，取两个海区均值系数和变异系数的平均值作为有效撞击能的均值系数和变异系数，经计算，1a 内有效撞击能最大值：$k_{E_w} = 0.081$，$\delta_{E_w} = 0.779$；50a 内有效撞击能最大值：$k_{E_w} = 0.173$，$\delta_{E_w} = 0.741$。

有效撞击能最大值统计参数（考虑模型不定性）　　　　**表 7.6**

海区	时间段	统计参数	满载	半载	空载	平均值
1	1a	均值系数	0.089	0.062	0.055	0.069
		变异系数	0.793	0.751	0.891	0.812
	50a	均值系数	0.227	0.159	0.141	0.176
		变异系数	0.731	0.686	0.836	0.751
2	1a	均值系数	0.120	0.084	0.074	0.093
		变异系数	0.726	0.681	0.832	0.746
	50a	均值系数	0.219	0.154	0.136	0.170
		变异系数	0.710	0.663	0.817	0.730

7.3.2　有效撞击能的概率分布

本节采用 Monte-Carlo 方法，通过随机抽样，统计分析确定有效撞击能的概率分布函数。首先根据 α、C_m、K 和 H 的概率分布函数对其进行随机抽样，产生 α、C_m、K 和 H 的样本值，通过计算得到 K_{E_w} 的样本值，对 K_{E_w} 样本值进行 K-S 检验，就可确定有效撞击能的概率分布模型。

模拟产生了 10^5 个随机样本值，取显著性水平 $\alpha = 0.05$，经 K-S 检验，有效撞击能不拒绝服从对数正态分布。图 7.1 所示为正态分布、对数正态分布和极值 I 型分布的概率密度函数的比较，从图中可看出对数正态分布更为接近样本直方图，所以选取对数正态分布作为有效撞击能的概率模型。

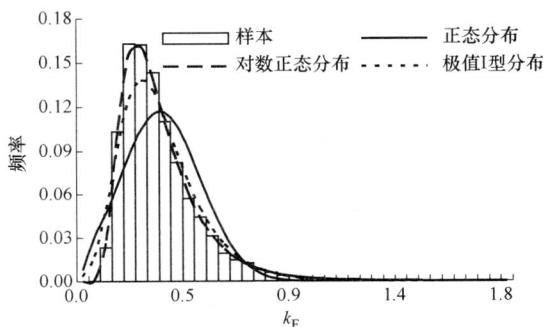

图 7.1　有效撞击能的概率分布

7.4　波浪作用下船舶撞击力的统计分析

码头的靠船墩用钢管焊接而成，具有一定柔性，所以靠船墩受到船舶撞击后的变形不可忽略。

7.4.1　船舶撞击力计算

根据功能转换原理，船舶有效撞击能应等于护舷、船体和平台三个部分变形吸收的能量之和，即

$$E_w = \frac{1}{2}k_s\delta_s^2 + E_f + \frac{1}{2}k_d\delta_d^2 \tag{7.13}$$

式中，k_s，k_d分别为船体和平台的弹性刚度系数；δ_s，δ_d分别为船体和平台的变形；E_f为护舷吸收的能量。

根据弹性变形理论，船舶撞击力为

$$F_x = F_f = k_s\delta_s = k_d\delta_d \tag{7.14}$$

式中，F_x为船舶靠岸撞击力（kN）；F_f为护舷反力（kN）。

将式（7.14）代入式（7.13），可得

$$E_w = \frac{F_f^2}{2k_s} + E_f + \frac{F_x^2}{2k_d} \tag{7.15}$$

即

$$(k_s + k_d)F_f^2 + 2k_sk_dE_f - 2k_sk_dE_w = 0 \tag{7.16}$$

采用与第 5 章相同的分析方法，就可通过式（7.16）计算船舶撞击力。

7.4.2　船舶撞击力的概率分布

为确定船舶撞击力的概率分布，首先根据《港口工程荷载规范》JTJ 215—1998 确定有效撞击能的标准值，用标准值乘有效撞击能均值系数，得有效撞击能平均值；根据有效撞击能平均值、变异系数和概率分布函数，采用 Monte-Carlo 模拟产生有效撞击能的样本值；之后再根据 7.4.1 节的方法计算撞击力的样本值，对样本值进行统计分析，即可推断撞击力的概率分布。

下面以 30 万 DWT 油轮、满载状况为例进行分析。船舶尺度与有关参数的标准值[113]如表 7.7 所示。

船舶尺度与参数标准值　　　　　　　　　　　　　　　　　　　　　表 7.7

α	C_m	$M(t)$	$H(m)$	$B(m)$	$d(m)$	$D(m)$	K	n
0.004	1.5	300000	2.0	56.8	26.5	20.58	1.5	4

船体的刚度系数 k_s 近似取 $9.0 \times 10^4\,kN/m$[103]；对于本章分析的轻型码头结

构，其刚度与其结构型式有关，确定撞击力的概率分布时，以 YGCH3000（RO）型护舷的初始刚度为基准刚度，靠船墩刚度取 100 倍的基准刚度。

每一种护舷的能量-反力曲线都是不同的，对于不同的护舷，即使产生相同的撞击能，产生的撞击力也不同。但通常情况下，波浪产生的船舶撞击能小于船舶靠岸产生的撞击能，所以可用比较简单的概率模型来模拟。图 7.2 为 YGCH3000（RL）型护舷所对应的撞击力概率密度曲线。

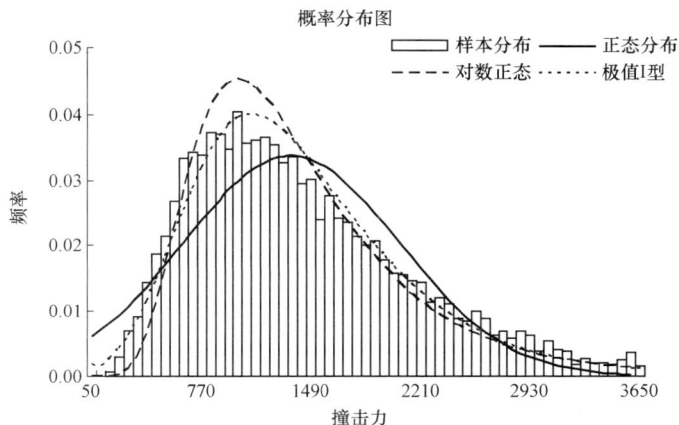

图 7.2　船舶撞击力概率密度曲线

由图 7.2 可看出，波浪引起的船舶撞击力可用极值 I 型概率分布函数来模拟。

7.4.3　船舶撞击力的统计参数

确定撞击力的统计参数时，取靠船墩的刚度为 50、60、70、80、90 和 100 倍的参考刚度，护舷选用 YGCH3000 型护舷。表 7.8 给出了 1a 内，三种型式护舷在不同刚度比情况下船舶最大撞击力的统计参数；表 7.9 给出了 50a 内，三种型式护舷在不同刚度比情况下船舶最大撞击力的统计参数。

1a 内船舶撞击力的统计参数　　　　　　　　　　　　　　　表 7.8

护舷类型	统计参数	刚度比						
		40	50	60	70	80	90	100
YGCH3000（RL）	k_{Imp}	0.3787	0.3926	0.3943	0.3951	0.3956	0.396	0.3962
	δ_{Imp}	0.5080	0.5099	0.5100	0.5101	0.5102	0.5102	0.5102
YGCH3000（RO）	k_{Imp}	0.2629	0.2741	0.2754	0.2761	0.2765	0.2768	0.2769
	δ_{Imp}	0.5841	0.5928	0.5938	0.5944	0.5947	0.5949	0.5950
YGCH3000（RH）	k_{Imp}	0.2160	0.2256	0.2268	0.2275	0.2278	0.2281	0.2283
	δ_{Imp}	0.5828	0.5951	0.5966	0.5973	0.5978	0.5981	0.5983

50a 内船舶撞击力的统计参数　　　　　　　　表 7.9

护舷类型	统计参数	刚度比						
		40	50	60	70	80	90	100
YGCH3000(RL)	k_{Imp}	0.6187	0.6392	0.6416	0.6428	0.6435	0.6440	0.6443
	δ_{Imp}	0.3630	0.3543	0.3533	0.3527	0.3524	0.3522	0.352
YGCH3000(RO)	k_{Imp}	0.4681	0.4904	0.4930	0.4943	0.4951	0.4956	0.4960
	δ_{Imp}	0.4594	0.4582	0.4579	0.4578	0.4577	0.4577	0.4577
YGCH3000(RH)	k_{Imp}	0.3861	0.4068	0.4094	0.4107	0.4115	0.4120	0.4124
	δ_{Imp}	0.4741	0.4757	0.4758	0.4758	0.4759	0.4759	0.4759

对三种护舷在不同刚度比下的统计参数进行平均，得到 1a 和 50a 内波浪作用下船舶最大撞击力的统计参数，如表 7.10 所示。

船舶撞击力统计参数　　　　　　　　表 7.10

时间段	统计参数	3000(RL)	3000(RO)	3000(RH)	平均值	分布类型
1a	均值系数	0.393	0.274	0.226	0.298	极值 I 型
	变异系数	0.510	0.593	0.595	0.566	
50a	均值系数	0.639	0.490	0.407	0.512	极值 I 型
	变异系数	0.354	0.458	0.476	0.429	

7.5　本章小结

考虑船体、靠船墩弹性变形和护舷非线性变形，对船舶系泊撞击力进行了统计分析。首先根据各随机变量的统计特性，给出船舶撞击能的统计参数；然后采用 Monte-Carlo 方法产生撞击能的样本值，通过求解非线性方程得到撞击力的样本，最后对其进行统计分析，给出船舶系泊撞击力的均值系数、变异系数和概率分布类型。

8 轻型码头抗力统计分析

8.1 引言

抗力是结构或结构构件抵抗作用效应的能力，它是一个广义的概念，与结构的极限状态相对应，不同的极限状态所考虑的抗力也不同。对于本文研究的轻型码头结构，包括结构构件和管节点的强度、受压构件的稳定和钢管混凝土芯柱嵌岩桩的承载力。

8.2 一般受力构件抗力统计参数

结构或结构构件抗力的不确定性与材料性能、几何尺寸和计算模式的不确定性有关。所以，分析结构或结构构件的统计特性，需考虑这三个方面的统计特性。本课题研究的轻型码头在结构形式上与海洋平台的导管架结构类似，所以在结构构件抗力统计参数方面，可借鉴现有海洋工程方面的研究成果。文献［97］在考虑了结构构件的材料、几何尺寸和计算模式不定性的情况下，给出了管型结构构件抗力的统计参数，如表 8.1 所示。

构件抗力统计参数（平均值/标准值）　　　　　　表 8.1

统计参数	构件					管节点			
	受拉	受压（强度）	受压（屈曲）	受弯	受剪	轴力			弯曲
						X	T	K	
均值系数 k_{R_i}	1.193	1.159	1.233	1.323	1.193	1.442	1.410	1.589	1.318
变异系数 δ_{R_i}	0.071	0.115	0.100	0.110	0.087	0.170	0.250	0.238	0.218
分布类型	对数正态分布					对数正态分布			

表 8.1 中的统计参数是抗力平均值与标准值的比值，在我国港口工程结构的设计中直接使用的是设计值（标准值除材料分项系数得到的值），表 8.2 给出了抗力平均值与设计值的比值。

构件抗力统计参数及概率分布（平均值/设计值）　　表 8.2

统计参数	构件					管节点			
	受拉	受压（强度）	受压（屈曲）	受弯	受剪	轴力			弯曲
						X	T	K	
均值系数 k_{R_i}	1.395	1.355	1.441	1.547	1.395	1.686	1.648	1.858	1.541
变异系数 δ_{R_i}	0.071	0.115	0.100	0.110	0.087	0.170	0.250	0.238	0.218
分布类型	对数正态分布					对数正态分布			

8.3　钢管混凝土芯柱嵌岩桩抗力统计参数

为保证轻型码头结构与底部基岩的可靠连接，国家 863 计划"离岸深水港岩基浅埋轻型码头结构建造技术研究"课题的专题五提出了钢管混凝土芯柱嵌岩桩型式[114-122]，如图 8.1 所示。钢管直径为 2.7m，钢管壁厚为 32mm，钢管内外灌注膨胀混凝土。对于这种形式的基础，没有承载力的统计参数可供使用，所以本章对此进行专门的研究。

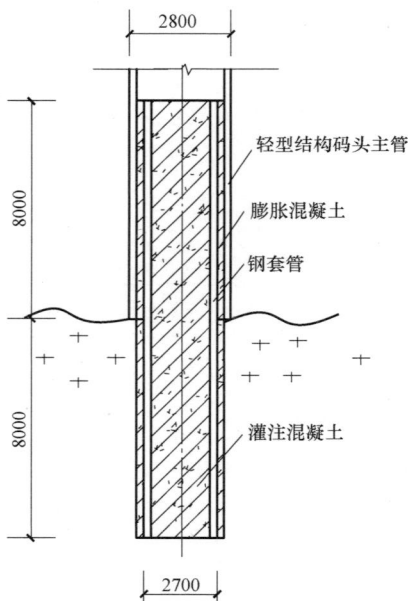

图 8.1　刚性嵌岩桩结构图

钢管混凝土芯柱嵌岩桩极限承载力的计算公式有多个，本课题采用了我国《钢管混凝土结构设计与施工规程》CECS28：90 的公式[123]。该公式是通过极限平衡理论和试验结果回归分析得出的，物理意义明确，简便实用。

8.3.1　芯柱嵌岩桩极限承载力计算

钢管混凝土芯柱嵌岩桩承载力应按下式计算

$$\left.\begin{aligned} N_{u} &= \varphi_{l}\varphi_{e}f_{c}A_{c}(1+\sqrt{\theta}+\theta) \\ \theta &= f_{y}A_{s}/f_{c}A_{c} \end{aligned}\right\} \tag{8.1}$$

式中，θ 为钢管混凝土芯柱嵌岩桩的套箍指标；f_{c} 为混凝土的抗压强度设计值；A_{c} 为管内混凝土的横截面面积（$\pi d_{c}^{2}/4$）；f_{y} 为钢管的抗拉、抗压强度设计值；A_{s} 为钢管的横截面面积；φ_{l} 为考虑长细比影响的承载力折减系数；φ_{e} 为考虑偏心率影响的承载力折减系数。

对于钢管混凝土芯柱嵌岩桩而言，钢管的内径 d_{c} 通常远大于钢管的壁厚 t，

所以钢管混凝土芯柱嵌岩桩的套箍指标 θ 也可以表示为

$$\theta=\frac{4tf_{y}}{d_{c}f_{c}} \tag{8.2}$$

8.3.2　芯柱嵌岩桩抗力的统计分析

　　结构构件抗力是构件材料的力学性能和几何关系的函数。影响结构构件抗力的因素很多，在可靠度分析时经常考虑的主要因素有：材料性能不定性、构件几何参数不定型和计算模式不定型。由式（8.1）和式（8.2）可知，钢管混凝土芯柱嵌岩桩承载力计算公式中的基本变量包括 f_{c}、f_{y}、d_{c}、t、φ_{l} 和 φ_{e}，由于各种内在和外在因素的影响，这些变量都是基本随机变量，其统计参数如表 8.3 所示[124-126]。

随机变量统计参数　　　　　　　　　　　　表 8.3

参数	钢材	混凝土			φ_{l}	φ_{e}	d_{c}	t
	Q345	C30	C40	C50				
标准值（MPa）	345	20.1	26.8	32.4	—	—	—	—
设计值（MPa）	295	14.3	19.1	23.1	—	—	—	—
均值系数 k_{X}	1.090	1.455	1.355	1.410	1.049	1.024	1.000	1.000
变异系数 δ_{X}	0.070	0.190	0.138	0.137	0.107	0.095	0.030	0.020

　　由表 8.3 中的统计参数就可计算各随机变量的平均值和标准差，即

$$\mu_{X}=k_{X}X_{k}, \sigma_{X}=\mu_{X}\delta_{X} \tag{8.3}$$

　　式中，X 表示变量 f_{c}，f_{y}，d_{c}，t，φ_{l} 和 φ_{e}；X_{k} 表示变量的标准值，对于几何变量，X_{k} 为设计图纸中标注的尺寸。将各基本随机变量的平均值代入式（8.1），即可求得抗力计算值的平均值，即

$$\mu_{N_{u}}=N_{u}(\mu_{f_{c}}, \mu_{f_{y}}, \mu_{d_{c}}, \mu_{t}, \mu_{\varphi_{l}}, \mu_{\varphi_{e}}) \tag{8.4}$$

　　将各基本随机变量的设计值代入式（8.1），即可求得抗力的设计值，即

$$N_{ud}=N_{u}(f_{cd}, f_{yd}, d_{cd}, t_{d}, \varphi_{ld}, \varphi_{ed}) \tag{8.5}$$

　　式中，$\mu_{f_{c}}$，$\mu_{f_{y}}$，$\mu_{d_{c}}$，μ_{t}，$\mu_{\varphi_{l}}$，$\mu_{\varphi_{e}}$ 分别为变量 f_{c}，f_{y}，d_{c}，t，φ_{l} 和 φ_{e} 的平均值；f_{cd}，f_{yd}，d_{cd}，t_{d}，φ_{ld}，φ_{ed} 分别为变量 f_{c}，f_{y}，d_{c}，t，φ_{l} 和 φ_{e} 的设计值；对于几何变量 d_{c}、t 和折减系数 φ_{l}、φ_{e}，其设计值取与标准值相同。

　　按照误差传递原理，抗力计算值的方差 $\sigma_{N_{u}}^{2}$ 可按下式计算：

$$\sigma_{N_{u}}^{2}=\left(\frac{\partial N_{u}}{\partial f_{c}}\bigg|_{\mu}\right)^{2}\sigma_{f_{c}}^{2}+\left(\frac{\partial N_{u}}{\partial f_{y}}\bigg|_{\mu}\right)^{2}\sigma_{f_{y}}^{2}+\left(\frac{\partial N_{u}}{\partial d_{c}}\bigg|_{\mu}\right)^{2}\sigma_{d_{c}}^{2}$$
$$+\left(\frac{\partial N_{u}}{\partial t}\bigg|_{\mu}\right)^{2}\sigma_{b_{e}}^{2}+\left(\frac{\partial N_{u}}{\partial \varphi_{l}}\bigg|_{\mu}\right)^{2}\sigma_{\varphi_{l}}^{2}+\left(\frac{\partial N_{u}}{\partial \varphi_{e}}\bigg|_{\mu}\right)^{2}\sigma_{\varphi_{e}}^{2} \tag{8.6}$$

式中，$\left.\dfrac{\partial N_u}{\partial X}\right|_\mu$ 表示 N_u 对变量 X 的一阶偏导数在所有变量平均值处的值。

选取表 8.4 中一些代表性的钢管混凝土芯柱嵌岩桩进行计算，用下面的公式求得抗力计算值的统计参数：

$$k_{R_{pd}} = \frac{\mu_{R_p}}{R_d}, \delta_{R_p} = \frac{\sigma_{R_p}}{\mu_{R_p}} \tag{8.7}$$

根据表 8.4 中的结果，按公式（8.1）计算得到轴向承载力的统计参数为 $k_{N_u} = 1.753$，$\delta_{N_u} = 0.18$，由于试验误差和计算假定与实际条件的差异，按式（8.1）计算的结果与实际结果是有差别的，这一差别用计算模式不确定性系数 K_p 表示，反映的是试验得到的极限承载力与按式（8.1）计算得到的极限承载力之比。

刚性嵌岩桩轴向受压承载力统计参数　　　　　　表 8.4

钢材	d_s (mm)	t (mm)	C20		C30		C40	
			$k_{R_{pd}}$	δ_{R_p}	$k_{R_{pd}}$	δ_{R_p}	$k_{R_{pd}}$	δ_{R_p}
Q345	2000	25	1.759	0.188	1.705	0.175	1.786	0.177
		30	1.733	0.185	1.685	0.173	1.763	0.175
Q345	2100	25	1.766	0.189	1.711	0.175	1.792	0.177
		30	1.740	0.186	1.691	0.173	1.769	0.175
Q345	2200	25	1.773	0.190	1.716	0.176	1.798	0.178
		30	1.747	0.187	1.696	0.174	1.775	0.176
Q345	2300	25	1.779	0.190	1.721	0.176	1.804	0.178
		30	1.753	0.187	1.701	0.174	1.781	0.176
Q345	2400	25	1.785	0.191	1.725	0.176	1.809	0.179
		30	1.759	0.188	1.705	0.175	1.786	0.177
Q345	2500	30	1.765	0.189	1.710	0.175	1.791	0.177
		35	1.743	0.186	1.693	0.174	1.772	0.176
Q345	2600	30	1.770	0.189	1.714	0.176	1.796	0.178
		35	1.749	0.187	1.697	0.174	1.777	0.176
Q345	2700	30	1.776	0.190	1.718	0.176	1.801	0.178
		35	1.754	0.187	1.701	0.174	1.782	0.176
Q345	2800	30	1.781	0.191	1.722	0.176	1.806	0.178
		35	1.759	0.188	1.705	0.175	1.786	0.177
Q345	2900	30	1.786	0.191	1.726	0.177	1.810	0.179
		35	1.764	0.189	1.709	0.175	1.791	0.177
Q345	3000	35	1.769	0.189	1.713	0.175	1.795	0.177
		40	1.750	0.187	1.698	0.174	1.778	0.176

这样，钢管混凝土芯柱嵌岩桩的实际轴向承载力可表示为

$$R_{N_u} = K_p N_u(f_{cd}, f_{yd}, d_{cd}, t_d, \varphi_{ld}, \varphi_{ed}) \tag{8.8}$$

根据文献 [126] 的试验数据，通过计算得出钢管混凝土芯柱嵌岩桩轴向承

载力的实测值与计算值比值的统计参数为

$$\overline{k_{\mathrm{p}}} = 1.085, \delta_{k_{\mathrm{p}}} = 0.07$$

这样，由式（8.8）表示的钢管混凝土芯柱嵌岩桩轴向承载力的统计参数为：

$$k_{R_{N_{\mathrm{u}}}} = \overline{k_{\mathrm{p}}} k_{N_{\mathrm{u}}} = 1.902, \delta_{R_{N_{\mathrm{u}}}} = \sqrt{\delta_{k_{\mathrm{p}}}^{2} + \delta_{N_{\mathrm{u}}}^{2}} = 0.193 \tag{8.9}$$

8.4　本章小结

　　本书对国家 863 计划"离岸深水港岩基浅埋轻型码头结构建造技术研究"的专题五提出的钢管混凝土芯柱嵌桩进行了抗力统计分析，给出嵌岩桩轴向承载力的均值系数和变异系数。

9 轻型码头结构可靠度分析

9.1 引言

概率极限状态设计方法是目前国际上结构工程设计发展的主要方向，许多国家的结构设计标准或规范都是采用概率极限状态设计法编制的。我国也于 1992 年颁布了国家标准《港口工程结构可靠度设计统一标准》GB 50015—1992，指导我国港口工程结构设计规范的编写和修订。在海洋工程方面，中国海洋石油总公司于 1996 年根据美国石油学会的《海上固定平台规划、设计和建造的推荐作法—荷载和抗力系数设计法》颁布了《中国海洋石油天然气行业标准》SY/T 1009—1996，标准中的荷载与抗力分项系数没有进行修改，直接引用美国标准的值。本课题研究的轻型码头结构是一种新型的码头结构型式，尽管在结构形式上类似于海洋工程导管架结构，但荷载和使用功能与海洋平台不同，需要按照《港口工程结构可靠度设计统一标准》的规定，采用概率极限状态设计方法进行设计。为研究现行港口荷载规范中荷载系数、组合系数和重要性系数的适用性，需要对轻型码头结构进行可靠度分析。

9.2 荷载统计参数与荷载组合

9.2.1 荷载统计参数及概率分布

对于结构可靠度分析和设计而言，荷载统计特性是必须具备的条件。对于轻型码头结构中的靠船墩，恒荷载主要是指结构物自身的重量，恒荷载的标准值是根据标准尺寸和重度计算的重量。由于轻型码头结构与导管架平台都是由钢管焊接而成，所以可参考海洋平台方面现有的研究成果[37]，恒荷载服从正态分布，恒荷载的标准值等于平均值，变异系数为 0.08。对于环境荷载和船舶荷载，它们的统计特性在第 3 章～第 6 章已经进行了详细的分析，表 9.1 为轻型码头结构荷载统计特性的汇总表。

9.2.2 荷载组合

海洋平台结构所遭受的外部荷载主要为风、波浪和海流荷载；轻型码头结构

轻型码头结构荷载统计特性 表 9.1

荷载类型	1a		50a		概率分布类型
	k	δ	k	δ	
恒荷载	1.000	0.080	1.000	0.080	正态分布
船舶系缆力	0.668	0.158	1.218	0.133	对数正态分布
波浪荷载	0.610	0.350	1.101	0.289	极值Ⅰ型分布
海流荷载	0.722	0.250	1.269	0.142	极值Ⅰ型分布
船舶靠岸撞击力	1.073	0.012	1.090	0.010	极值Ⅰ型分布
船舶系泊撞击力	0.299	0.567	0.516	0.429	极值Ⅰ型分布

所遭受的外部荷载主要为波浪荷载、海流荷载、系缆力、靠岸撞击力和系泊撞击力等。我国港口工程结构设计采用的是以概率论为基础的分项系数设计方法，《港口工程荷载规范》JTJ215—1998 中的设计表达式为

$$\gamma_0 \left[\gamma_G C_G G_K + \gamma_{Q1} C_{Q1} G_{1K} + \Psi \left(\sum_{i=2}^{n} \gamma_{Qi} C_{Qi} G_{iK} \right) \right] \leqslant R_d$$

根据轻型码头结构的荷载情况，本章选择下面几种荷载组合，其中的荷载分项系数和组合系数采用的是我国《港口工程荷载规范》JTJ 215—1998 规定的系数：

（1）1.2 恒荷载＋1.5 靠岸撞击力＋0.7（1.5 海流）

（2）1.2 恒荷载＋1.4 系泊撞击力＋0.7（1.5 海流）

（3）1.2 恒荷载＋1.5 靠岸撞击力＋0.7（1.4 海浪）

（4）1.2 恒荷载＋1.4 系泊撞击力＋0.7（1.4 海浪）

（5）1.2 恒荷载＋1.4 系缆力

（6）1.2 恒荷载＋1.4 波浪＋0.7（1.5 海流）

9.2.3 荷载组合规则

当多个可变荷载参与组合时，由于并不是每个荷载都以最大值出现，所以需要从概率上考虑各荷载以最大值出现及其他荷载同时出现的可能性，即对荷载进行组合[47-49]。

当存在多个可变荷载时，工程上多采用实用的组合规则进行分析，Turkstra 组合规则是其中的一种，由于分析简便，同时精度能够满足工程要求，为多种标准采用，"统一标准"（GB 50158）也采用了 Turkstra 组合规则。对于 n 个可变荷载组合的情形，Turkstra 组合规则可用下面的公式表示：

$$\left.\begin{aligned} S_{M1} &= \max_{0 \leqslant t \leqslant T} S_1(t) + S_2(t_0) + \cdots + S_n(t_0) \\ S_{M2} &= S_1(t_0) + \max_{0 \leqslant t \leqslant T} S_2(t) + \cdots + S_n(t_0) \\ &\cdots\cdots \\ S_{Mn} &= S_1(t_0) + S_2(t_0) + \cdots + \max_{0 \leqslant t \leqslant T} S_n(t) \end{aligned}\right\}$$

式中，S_{Mi} 为第 i 个组合的最大值，$\max\limits_{0 \leqslant t \leqslant T} S_j(t)$ 为第 j 个荷载效应设计基准期内的最大值，$S_i(t_0)$ 为第 i 个荷载效应的时点值。在上式中，起控制的组合为：

$$S_M = \max(S_{M1}, S_{M2}, \cdots, S_{Mn})$$

按照 Turkstra 组合规则组合时，主导可变荷载取设计使用年限为 50a 内的最大荷载，非主导可变荷载取 1a 内的最大值。由于极值 I 型分布随机变量 1a 内的方差与基准期内的方差是一致的，当全部可变荷载均服从极值 I 型分布时，可根据基准期内的平均值大小确定主导可变荷载，即平均值大的为主导可变荷载。

上面是可靠度理论中荷载组合分析的方法，在实用设计表达式中，采用的是对主导可变荷载乘荷载组合系数的方法。荷载组合系数是采用上面的荷载概率组合方法通过可靠度分析并结合以往的工程经验确定的。

9.3　设计表达式

9.3.1　我国海洋石油天然气行业标准

本文所研究的轻型码头结构在形式上类似于海洋平台导管架结构，由于港口钢结构设计规范中没有管型构件的设计方法，所以本章先采用《中国海洋石油天然气行业标准》SY/T 1009—1996 的表达式进行计算。下面是标准给出的结构在简单受力和复合受力状态下构件设计表达式，其中荷载组合和分项系数采用前面的值。

（1）轴向拉伸

$$f_t' \leqslant \varphi_t F_y' \tag{9.1}$$

式中，f_t' 为乘系数的荷载引起的轴向拉伸应力（MPa）；φ_t 为轴向抗拉强度的抗力分项系数，取 0.95；F_y' 为名义屈服极限（MPa）。

（2）轴向压缩

$$f_c' \leqslant \varphi_c F_{cn}' \tag{9.2}$$

式中，f_c' 为乘系数的荷载引起的轴向压缩应力（MPa）；φ_c 为轴向抗压强度的抗力系数，取 0.85；F_{cn}' 为名义轴向抗压强度（MPa）。

（3）弯曲

$$f_b' \leqslant \varphi_b F_{bn}' \tag{9.3}$$

式中，f_b' 为乘系数的荷载引起的弯曲应力（MPa）；φ_b 为抗弯强度抗力系数，取 0.95；F_{bn}' 为名义抗弯强度（MPa）。

（4）弯曲剪力或扭转剪力

$$f_v' \leqslant \varphi_v F_{vn}' \tag{9.4}$$

式中，f'_v 为乘系数的荷载引起的剪切应力（MPa）；φ_v 为横向剪切强度的抗力系数，取 0.95；F'_{vn} 为名义抗弯强度（MPa）。

（5）轴向拉伸和弯曲的联合作用

$$1-\cos\left(\frac{\pi}{2}\frac{f'_t}{\varphi_t F'_y}\right)+\frac{[f'^2_{by}+f'^2_{bz}]^{0.5}}{\varphi_b F'_{bn}}\leqslant 1.0 \qquad (9.5)$$

式中，f'_{by} 为乘分项系数的荷载产生的对构件 Y 轴的弯曲应力（MPa）；f'_{bz} 为乘分项系数的荷载产生的对构件 Z 轴的弯曲应力（MPa）。

（6）轴向压缩和弯曲的联合作用

$$\left.\begin{array}{l}\dfrac{f'_c}{\varphi_c F'_{cn}}+\dfrac{1}{\varphi_b F'_{bn}}\left\{\left[\dfrac{C_{my}f'_{by}}{\left(1-\dfrac{f'_c}{\varphi_c F'_{ey}}\right)}\right]^2-\left[\dfrac{C_{mz}f'_{bz}}{\left(1-\dfrac{f'_c}{\varphi_c F'_{ez}}\right)}\right]^2\right\}\leqslant 1.0 \\[2em] 1-\cos\left[\dfrac{\pi}{2}\dfrac{f'_c}{\varphi_c F'_{xc}}\right]+\dfrac{[(f'_{by})^2+(f'_{bz})^2]^{0.5}}{\varphi_b F'_{bn}}\leqslant 1.0\end{array}\right\} \qquad (9.6)$$

式中，C_{my} 和 C_{mz} 为构件 Y 轴和 Z 轴折减系数；F'_{ey} 和 F'_{ez} 为构件 Y 轴和 Z 轴的欧拉屈曲强度（MPa）；F'_{xc} 为构件非弹性名义局部屈服强度（MPa）。

上面有关系数的取值和计算见《海上固定平台规划、设计和建造的推荐作法——荷载和抗力系数设计法》API RP 2A-LRFD：1993。

（7）轴向荷载（管节点）

$$P'_D<\varphi_j P'_{uj} \qquad (9.7)$$

（8）弯矩作用（管节点）

$$M'_D<\varphi_j M'_{uj} \qquad (9.8)$$

（9）轴向荷载和弯矩联合作用（节点冲剪）

$$1.0-\cos\left[\frac{\pi}{2}\left(\frac{P'_D}{\varphi_j P'_{uj}}\right)\right]+\left[\left(\frac{M'_D}{\varphi_j M'_{uj}}\right)^2_{ipb}+\left(\frac{M'_D}{\varphi_j M'_{uj}}\right)^2_{opb}\right]^{1/2}\leqslant 1.0 \qquad (9.9)$$

式中，P'_D 和 M'_D 分别为撑杆所受到的轴向荷载和弯矩；P'_{uj} 和 M'_{uj} 分别为节点的极限轴向承载力和极限抗弯承载力；φ_j 为管节点的抗力系数。P'_{uj} 和 M'_{uj} 的计算见 API RP 2A-LRFD：1993。

9.3.2 我国港口钢结构设计规范

我国《港口工程钢结构设计规范》JTJ 283—1999 给出的钢结构构件的强度验算公式如下：

（1）轴向受拉、受压

$$\frac{N}{A_n}\leqslant f' \qquad (9.10)$$

式中，N 为截面轴力；A_n 为钢管面积；f' 为钢材的抗弯、抗压、抗拉强度设计值。

（2）在一个主平面内受弯曲

$$\frac{M_x}{W_{nx}} \leqslant f'$$
(9.11)

式中，M_x 为截面弯矩；W_{nx} 为钢管截面抵抗矩。

（3）受压、受拉并受斜向弯曲

$$\frac{N}{A_n} \pm \frac{M_x}{W_{nx}} \pm \frac{M_y}{W_{ny}} \leqslant f'$$
(9.12)

（4）轴向受压

$$\frac{N}{\varphi A} \leqslant f'$$
(9.13)

（5）在一个平面内受弯曲

$$\frac{M_x}{\varphi_b W_x} \leqslant f'$$
(9.14)

（6）受压并在一个主平面内受弯曲

$$\left.\begin{array}{c} \dfrac{N}{\varphi_x A} + \dfrac{\beta_{mx} M_x}{W_{lx}\left[1 - 0.8\dfrac{N}{N_{EX}}\right]} \leqslant f' \\[4mm] N_{EX} = \pi^2 EA/\lambda_x^2 \end{array}\right\}$$
(9.15)

式中，A 为毛截面面积；φ_x 为弯矩作用平面内的轴心受压构件的稳定系数；β_{mx} 为弯矩作用平面内的等效弯矩系数；W_{lx} 为弯矩作用平面内较大受压纤维的毛截面抵抗矩。

（7）支管轴向和弯曲复合应力（管节点静强度校核）

$$\left.\begin{array}{c} \left(\dfrac{\tau_p}{[\tau_p]}\right)_{IP}^2 + \left(\dfrac{\tau_p}{[\tau_p]}\right)_{OP}^2 \leqslant 1.0 \\[4mm] \left(\dfrac{\tau_p}{[\tau_p]}\right)_{AX} + \dfrac{2}{\pi}\arcsin\sqrt{\left(\dfrac{\tau_p}{[\tau_p]}\right)_{IP}^2 + \left(\dfrac{\tau_p}{[\tau_p]}\right)_{OP}^2} \leqslant 1.0 \end{array}\right\}$$
(9.16)

式中，τ_p 为主管上作用的冲剪应力，$[\tau_p]$ 为弦杆管壁的许用冲剪应力。

（8）钢管混凝土芯柱嵌岩结构轴向受压承载力

$$N \leqslant N_u$$

式中，N 为轴向压力设计值；N_u 为钢管混凝土芯柱嵌岩结构承载力设计值。

9.4 构件或节点的极限状态方程

9.4.1 对应于中国海洋石油天然气行业标准的极限状态方程

在式（9.1）～式（9.9）中，荷载效应和构件抗力均为代表值，是确定的量，荷载和抗力变异性对构件可靠性的影响分别通过乘荷载分项系数和抗力分项系数来考虑。在构件极限状态方程中，荷载效应和构件抗力均为随机变量，其变异性分别由其统计特征表达，因此，在可靠度分析中需要将设计表达式转换为对应的极限状态方程。下面给出轴向受拉和拉弯联合作用下的极限状态方程，其他受力状态下的极限状态方程类似。

（1）轴向拉伸

$$Z = F_y - f_t = 0 \tag{9.17}$$

（2）轴向拉伸和弯曲的联合作用

$$Z = \cos\left(\frac{\pi}{2}\frac{f_t}{F_y}\right) - \frac{[f_{by}^2 + f_{bz}^2]^{0.5}}{F_{bn}} = 0 \tag{9.18}$$

9.4.2 对应于我国港口钢结构规范的极限状态方程

（1）轴向受拉、受压

$$fA_n - N = 0 \tag{9.19}$$

（2）受压、受拉并受斜向弯曲

$$f - \frac{N}{A_n} - \frac{M_x}{W_{nx}} - \frac{M_y}{W_{ny}} = 0 \tag{9.20}$$

9.5 可靠指标计算

9.5.1 按中国海洋石油天然气行业标准

按我国海洋石油天然气行业标准的表达式进行设计时，根据构件的受力状态，设计表达式可分为两类，一类是构件在单一作用效应下的设计表达式，一类是构件在复合作用效应下的设计表达式。

（1）单个可变荷载下设计表达式可靠指标的计算

① 轴向拉伸

当构件承载力满足式（9.1）的最低要求时，式（9.1）可表示为

$$\varphi_t F_y' - f_t' = 0 \tag{9.21}$$

当考虑永久作用和可变作用的组合时，式（9.21）可表示为

$$\varphi_t F_y' - \gamma_0(\gamma_G f_{tGK} + \gamma_Q f_{tQK}) = 0 \tag{9.22}$$

式中，γ_0 为结构重要性系数，对于一级、二级和三级结构分别为 1.1、1.0 和 0.9；γ_G 和 γ_Q 分别为永久作用效应分项系数和可变作用效应分项系数，按统一标准取 $\gamma_G = 1.2$，$\gamma_Q = 1.4$；f_{tGK} 和 f_{tQK} 分别为永久作用和可变作用产生的轴向拉伸应力的标准值。

令 $\rho = \dfrac{f_{tQK}}{f_{tGK}}$，则式（9.22）变为

$$\varphi_t F'_y - \gamma_0 f_{tGK}(\gamma_G + \gamma_Q \rho) = 0 \tag{9.23}$$

由此可看出，当已知 F'_y 和 ρ，即可使用式（9.23）计算 f_{tGK}。

当考虑永久作用和可变作用的组合时，式（9.17）可表示为

$$Z = F_y - (f_{tG} + f_{tQ}) \tag{9.24}$$

其中随机变量 f_{tG}、f_{tQ} 和 F_y 的平均值和标准差可表示为：

$$\left.\begin{array}{c} \mu_{f_{tG}} = k_G f_{tGK}, \sigma_{f_{tG}} = \mu_{f_{tG}} \delta_G \\[2mm] \mu_{f_{tQ}} = k_Q f_{tQK} = k_Q \rho f_{tGK}, \sigma_{f_{tQ}} = \mu_{f_{tQ}} \delta_Q \\[2mm] \mu_{F_y} = k_{F_y} F'_y, \sigma_{F_y} = \mu_{F_y} \delta_{F_y} \end{array}\right\} \tag{9.25}$$

当已知 f_{tGK} 和 ρ 时，即可使用一次二阶矩方法计算式（9.24）对应的可靠指标。

② 轴向拉伸和弯曲

当构件设计满足式（9.5）的最低要求时，式（9.5）可表示为

$$\cos\left(\frac{\pi}{2} \frac{f'_t}{\varphi_t F'_y}\right) - \frac{(f'^2_{by} + f'^2_{bz})^{0.5}}{\varphi_b F'_{bn}} = 0.0 \tag{9.26}$$

当考虑永久作用和可变作用的组合时，式（9.26）可表示为

$$\cos\left(\frac{\pi}{2} \frac{\gamma_0(\gamma_G f_{tGK} + \gamma_Q f_{tQK})}{\varphi_t F'_y}\right) -$$

$$\frac{\{[\gamma_0(\gamma_G f_{byGK} + \gamma_Q f_{byQK})]^2 + [\gamma_0(\gamma_G f_{bzGK} + \gamma_Q f_{bzQK})]^2\}^{0.5}}{\varphi_b F'_{bn}} = 0.0 \tag{9.27}$$

式中，f_{byGK} 和 f_{bzGK} 分别为永久作用标准值产生的沿 Y 轴和 Z 轴的弯曲应力；f_{byQK} 和 f_{bzQK} 分别为可变作用标准值产生的沿 Y 轴和 Z 轴的弯曲应力。

令 $\rho_1 = \dfrac{f_{tQK}}{f_{tGK}} = \dfrac{f_{byQK}}{f_{byGK}} = \dfrac{f_{bzQK}}{f_{bzGK}}$，$\rho_2 = \dfrac{f_{byGK}}{f_{tGK}} = \dfrac{f_{bzGK}}{f_{tGK}}$，则（9.27）变为

$$\cos\left(\frac{\pi}{2} \frac{\gamma_0 f_{tGK}(\gamma_G + \gamma_Q \rho_1)}{\varphi_t F'_y}\right) -$$

$$\frac{\{[\gamma_0 \rho_2 f_{tGK}(\gamma_G + \gamma_Q \rho_1)]^2 + [\gamma_0 \rho_2 f_{tGK}(\gamma_G + \gamma_Q \rho_1)]^2\}^{0.5}}{\varphi_b F'_{bn}} = 0.0 \tag{9.28}$$

当已知 F'_y、F'_{bn}、ρ_1 和 ρ_2 就可应用式（9.28）计算 f_{tGK}。

当考虑永久作用和可变作用的组合时，式（9.18）可表示为

$$Z = \cos\left(\frac{\pi}{2} \frac{f_{tG} + f_{tQ}}{F_y}\right) - \frac{[(f_{byG} + f_{byQ})^2 + (f_{bzG} + f_{bzQ})^2]^{0.5}}{F_{bn}} \tag{9.29}$$

式中，随机变量 f_{tG}、f_{tQ}、f_{byG}、f_{byQ}、f_{bzG} 和 f_{bzQ} 的平均值和标准差可表示为：

$$\left.\begin{array}{l} \mu_{f_{tG}} = k_G f_{tGK}, \sigma_{f_{tG}} = \mu_{f_{tG}} \delta_G \\ \mu_{f_{tQ}} = k_Q f_{tQK} = k_Q \rho_1 f_{tGK}, \sigma_{f_{tQ}} = \mu_{f_{tQ}} \delta_Q \\ \mu_{f_{byG}} = k_G f_{byGK} = k_G \rho_2 f_{tGK}, \sigma_{f_{byG}} = \mu_{f_{byG}} \delta_G \\ \mu_{f_{byQ}} = k_Q f_{byQK} = k_Q \rho_1 \rho_2 f_{tGK}, \sigma_{f_{byQ}} = \mu_{f_{byQ}} \delta_Q \\ \mu_{f_{bzG}} = k_G f_{bzGK} = k_G \rho_2 f_{tGK}, \sigma_{f_{bzG}} = \mu_{f_{bzG}} \delta_G \\ \mu_{f_{bzQ}} = k_Q f_{bzQK} = k_Q \rho_1 \rho_2 f_{tGK}, \sigma_{f_{bzQ}} = \mu_{f_{bzQ}} \delta_Q \\ \mu_{F_y} = k_{F_y} F'_y, \sigma_{F_y} = \mu_{F_y} \delta_{F_y} \\ \mu_{F_{bn}} = k_{F_{bn}} F'_{bn}, \sigma_{F_{bn}} = \mu_{F_{bn}} \delta_{F_{bn}} \end{array}\right\} \tag{9.30}$$

由此可看出，当已知 f_{tGK}、ρ_1 和 ρ_2 就可使用一次二阶矩方法计算式（9.29）对应的可靠指标。

（2）多个可变荷载作用下可靠指标的计算

下面以多个荷载作用下轴向拉伸杆件的计算进行说明，其他计算公式对应的可靠指标计算方法相似。

当构件承载力满足式（9.1）的最低要求时，式（9.1）可表示为

$$\varphi_t F'_y - f'_t = 0 \tag{9.31}$$

当考虑永久作用和多个可变荷载作用相组合时，式（9.31）可表示为

$$\varphi_t F'_y - \gamma_0 \left(\gamma_G f_{tGK} + \gamma_{Q1} f_{tQ1K} + \varphi \sum_{i=2}^n \gamma_{Qi} f_{tQiK} \right) = 0 \tag{9.32}$$

式中，γ_{Q1} 为主导可变作用分项系数；γ_{Qi} 为第 i 个非主导可变作用分项系数；φ 为组合系数，规范规定取 0.7。

令 $\rho_{1K} = \dfrac{f_{tQ1K}}{f_{tGK}}$，$\rho_{iK} = \dfrac{f_{tQiK}}{f_{tGK}}$，则式（9.32）变为

$$\varphi_t F'_y - \gamma_0 f_{tGK} \left(\gamma_G + \gamma_{Q1} \rho_{1K} + \varphi \sum_{i=2}^n \gamma_{Qi} \rho_{iK} \right) = 0 \tag{9.33}$$

由此可看出，当已知 F'_y 和 ρ_{iK} 就可使用式（9.33）计算 f_{tGK}。

当考虑永久作用与多个可变作用相组合时，式（9.17）可表示为

$$Z = F_y - \left(f_{tG} + f_{tQ1} + \sum_{i=2}^n f_{tQi} \right) \tag{9.34}$$

式中，随机变量 f_{tG}、f_{tQi} 和 F_y 的平均值和标准差可表示为：

$$\left.\begin{array}{l} \mu_{f_{tG}} = k_G f_{tGK}, \sigma_{f_{tG}} = \mu_{f_{tG}} \delta_G \\ \mu_{f_{tQ1}} = k_{Q1} f_{tQ1K} = k_{Q1} \rho_{1K} f_{tGK}, \sigma_{f_{tQ1}} = \mu_{f_{tQ1}} \delta_{Q1} \\ \mu_{f_{tQi}} = k_{Qi} f_{tQiK} = k_{Qi} \rho_{iK} f_{tGK}, \sigma_{f_{tQi}} = \mu_{f_{tQi}} \delta_{Qi} \\ \mu_{F_y} = k_{F_y} F'_y, \sigma_{F_y} = \mu_{F_y} \delta_{F_y} \end{array}\right\} \tag{9.35}$$

当已知 f_{tGK} 和 ρ 就可使用一次二阶矩方法计算式（9.34）对应的可靠指标。

9.5.2 按我国港口规范设计规范

上一节给出的是如何按照中国海洋石油天然气行业标准给出的设计表达式计算可靠指标，对于港口工程而言，其计算方法与中国海洋石油天然气行业标准相同，本节不再给出其具体表达式。

9.6 可靠指标计算结果

9.6.1 按中国海洋石油天然气行业标准

表 9.2～表 9.11 分别列出了单个可变荷载和多个可变荷载作用下，荷载分项系数按照《港口工程钢结构设计规范》JTJ 283—1999 取值时，按照《中国海洋石油天然气行业标准》（SY/T 1008.1996）计算得到的可靠指标。

轻型码头结构可靠指标（恒荷载＋船舶靠岸撞击力） 表 9.2

ρ	构件					管节点			
	受拉	受压（强度）	受压（屈曲）	受弯	受剪	轴力			弯曲
						X	T	K	
1	5.452	4.257	5.421	4.618	4.595	2.522	3.855	2.929	2.348
2	5.897	4.443	5.687	4.827	4.890	2.571	3.955	2.985	2.406
3	6.086	4.520	5.797	4.913	5.013	2.593	3.997	3.009	2.432
4	6.184	4.561	5.853	4.958	5.077	2.605	4.019	3.022	2.446
5	6.242	4.585	5.887	4.985	5.116	2.613	4.033	3.031	2.455
6	6.279	4.601	5.908	5.003	5.140	2.619	4.042	3.037	2.461
平均值	6.024	4.494	5.759	4.884	4.972	2.587	3.983	3.002	2.424

轻型码头结构可靠指标（恒荷载＋系泊撞击力） 表 9.3

ρ	构件					管节点			
	受拉	受压（强度）	受压（屈曲）	受弯	受剪	轴力			弯曲
						X	T	K	
1	3.889	3.944	4.303	4.065	3.799	3.295	4.085	3.606	3.166
2	3.619	3.712	4.001	3.810	3.560	3.305	3.904	3.565	3.165
3	3.518	3.620	3.884	3.709	3.467	3.290	3.823	3.531	3.147
4	3.465	3.570	3.822	3.655	3.418	3.278	3.778	3.509	3.134
5	3.432	3.539	3.783	3.622	3.388	3.269	3.750	3.495	3.125
6	3.410	3.518	3.757	3.599	3.368	3.263	3.730	3.484	3.118
平均值	3.555	3.651	3.925	3.743	3.500	3.283	3.845	3.532	3.142

轻型码头结构可靠指标（恒荷载＋系缆力）　　　表 9.4

ρ	构件					管节点			
	受拉	受压（强度）	受压（屈曲）	受弯	受剪	轴力			弯曲
						X	T	K	
1	3.399	3.149	3.949	3.406	3.060	2.131	3.173	2.502	1.903
2	2.953	2.869	3.572	3.097	2.704	2.039	2.993	2.397	1.799
3	2.753	2.733	3.393	2.947	2.539	1.992	2.901	2.343	1.746
4	2.642	2.654	3.291	2.861	2.445	1.963	2.846	2.311	1.715
5	2.571	2.603	3.225	2.806	2.385	1.944	2.810	2.289	1.694
6	2.522	2.567	3.179	2.767	2.343	1.931	2.784	2.274	1.679
平均值	2.807	2.762	3.435	2.981	2.579	2.000	2.918	2.353	1.756

轻型码头结构可靠指标（恒荷载＋波浪＋海流）　　　表 9.5

ρ	构件					管节点			
	受拉	受压（强度）	受压（屈曲）	受弯	受剪	轴力			弯曲
						X	T	K	
1	2.912	3.001	3.429	3.146	2.806	2.386	3.208	2.721	2.185
2	2.659	2.785	3.160	2.912	2.578	2.329	3.037	2.639	2.122
3	2.565	2.702	3.059	2.823	2.493	2.302	2.968	2.602	2.093
4	2.517	2.658	3.006	2.777	2.448	2.286	2.930	2.581	2.076
5	2.487	2.631	2.974	2.748	2.420	2.276	2.907	2.568	2.065
6	2.467	2.613	2.952	2.728	2.402	2.269	2.891	2.559	2.058
平均值	2.601	2.732	3.097	2.856	2.524	2.308	2.990	2.612	2.100

轻型码头结构可靠指标（恒荷载＋海流＋波浪）　　　表 9.6

ρ	构件					管节点			
	受拉	受压（强度）	受压（屈曲）	受弯	受剪	轴力			弯曲
						X	T	K	
1	3.374	3.349	3.904	3.537	3.202	2.439	3.441	2.803	2.247
2	3.099	3.145	3.630	3.309	2.966	2.410	3.308	2.756	2.211
3	2.994	3.062	3.523	3.218	2.874	2.393	3.249	2.732	2.192
4	2.939	3.018	3.466	3.169	2.825	2.383	3.216	2.717	2.181
5	2.906	2.990	3.431	3.139	2.795	2.376	3.195	2.708	2.174
6	2.883	2.971	3.408	3.119	2.775	2.371	3.181	2.701	2.168
平均值	3.033	3.089	3.560	3.248	2.906	2.395	3.265	2.736	2.196

轴拉、弯曲联合作用时的可靠指标　　　　　表 9.7

荷载组合	ρ_2	ρ_1						平均值
		1	2	3	4	5	6	
恒荷载＋船舶 靠岸撞击力	2	4.894	5.114	5.205	5.252	5.280	5.299	5.174
	3	4.747	4.961	5.049	5.095	5.123	5.141	5.019
	4	4.692	4.904	4.991	5.037	5.064	5.082	4.961
	5	4.666	4.876	4.963	5.009	5.036	5.054	4.934
	6	4.652	4.861	4.948	4.993	5.020	5.038	4.919
恒荷载＋船舶 系泊撞击力	2	4.239	3.969	3.862	3.804	3.769	3.745	3.898
	3	4.146	3.884	3.780	3.725	3.690	3.667	3.815
	4	4.112	3.852	3.750	3.695	3.661	3.638	3.784
	5	4.095	3.837	3.735	3.681	3.647	3.624	3.770
	6	4.086	3.829	3.727	3.673	3.639	3.616	3.762
恒荷载＋船舶系缆力	2	3.613	3.284	3.126	3.035	2.976	2.935	3.161
	3	3.503	3.185	3.031	2.943	2.886	2.846	3.065
	4	3.462	3.147	2.996	2.908	2.852	2.812	3.029
	5	3.442	3.129	2.978	2.892	2.835	2.796	3.012
	6	3.431	3.119	2.969	2.882	2.826	2.787	3.003
恒荷载＋波浪荷载 （主导作用）＋ 海流荷载	2	3.323	3.071	2.975	2.925	2.893	2.872	3.010
	3	3.238	2.991	2.897	2.848	2.818	2.797	2.932
	4	3.206	2.961	2.868	2.820	2.789	2.769	2.902
	5	3.191	2.947	2.855	2.806	2.776	2.756	2.888
	6	3.182	2.939	2.847	2.798	2.768	2.748	2.881
恒荷载＋波浪荷载＋ 海流荷载 （主导作用）	2	3.743	3.493	3.394	3.341	3.309	3.286	3.428
	3	3.644	3.401	3.305	3.253	3.221	3.199	3.337
	4	3.607	3.366	3.271	3.220	3.188	3.167	3.303
	5	3.590	3.350	3.255	3.204	3.172	3.151	3.287
	6	3.580	3.341	3.246	3.195	3.164	3.142	3.278

轴压、弯曲联合作用时的可靠指标　　　　　表 9.8

荷载组合	ρ_2	ρ_1						平均值
		1	2	3	4	5	6	
恒荷载＋船舶 靠岸撞击力	2	5.005	5.228	5.320	5.368	5.397	5.416	5.289
	3	4.802	5.018	5.107	5.153	5.181	5.199	5.077
	4	4.725	4.937	5.025	5.070	5.098	5.116	4.995
	5	4.687	4.898	4.985	5.031	5.058	5.076	4.956
	6	4.666	4.877	4.964	5.009	5.036	5.054	4.934
恒荷载＋船舶 系泊撞击力	2	4.297	4.019	3.909	3.850	3.814	3.789	3.946
	3	4.175	3.908	3.803	3.747	3.712	3.688	3.839
	4	4.128	3.866	3.763	3.708	3.674	3.650	3.798
	5	4.106	3.846	3.744	3.689	3.655	3.632	3.779
	6	4.094	3.835	3.733	3.679	3.645	3.622	3.768

续表

荷载组合	ρ_2	ρ_1						平均值
		1	2	3	4	5	6	
恒荷载＋船舶系缆力	2	3.706	3.371	3.210	3.117	3.057	3.015	3.246
	3	3.549	3.227	3.073	2.983	2.926	2.885	3.107
	4	3.488	3.172	3.020	2.932	2.875	2.835	3.054
	5	3.459	3.146	2.994	2.907	2.851	2.811	3.028
	6	3.443	3.131	2.980	2.893	2.837	2.798	3.014
恒荷载＋波浪荷载（主导作用）＋海流荷载	2	3.370	3.121	3.026	2.976	2.946	2.925	3.061
	3	3.253	3.011	2.920	2.871	2.842	2.821	2.953
	4	3.208	2.970	2.879	2.831	2.802	2.782	2.912
	5	3.186	2.949	2.859	2.812	2.783	2.763	2.892
	6	3.174	2.938	2.849	2.801	2.772	2.752	2.881
恒荷载＋波浪荷载＋海流荷载（主导作用）	2	3.798	3.551	3.454	3.402	3.370	3.348	3.487
	3	3.661	3.424	3.330	3.280	3.249	3.228	3.362
	4	3.608	3.375	3.283	3.233	3.203	3.182	3.314
	5	3.583	3.352	3.260	3.211	3.180	3.159	3.291
	6	3.569	3.339	3.247	3.198	3.168	3.147	3.278

轴力、弯矩联合作用时的可靠指标（T 管节点）　　　　　表 9.9

荷载组合	ρ_2	ρ_1						平均值
		1	2	3	4	5	6	
恒荷载＋船舶靠岸撞击力	2	3.078	3.145	3.174	3.190	3.201	3.207	3.166
	3	2.841	2.905	2.932	2.948	2.957	2.964	2.925
	4	2.741	2.804	2.831	2.846	2.855	2.861	2.823
	5	2.691	2.753	2.780	2.794	2.804	2.810	2.772
	6	2.663	2.724	2.751	2.765	2.775	2.781	2.743
恒荷载＋船舶系泊撞击力	2	3.776	3.709	3.666	3.639	3.622	3.610	3.670
	3	3.564	3.516	3.480	3.458	3.443	3.433	3.482
	4	3.476	3.436	3.404	3.384	3.370	3.360	3.405
	5	3.432	3.397	3.366	3.346	3.333	3.324	3.366
	6	3.407	3.374	3.344	3.325	3.312	3.303	3.344
恒荷载＋船舶系缆力	2	2.567	2.441	2.377	2.339	2.314	2.295	2.389
	3	2.358	2.241	2.181	2.145	2.121	2.104	2.192
	4	2.269	2.156	2.097	2.063	2.040	2.023	2.108
	5	2.225	2.113	2.055	2.021	1.998	1.982	2.066
	6	2.200	2.088	2.032	1.998	1.975	1.959	2.042
恒荷载＋波浪荷载（主导作用）＋海流荷载	2	2.829	2.726	2.680	2.655	2.639	2.628	2.693
	3	2.624	2.530	2.489	2.466	2.451	2.441	2.500
	4	2.538	2.448	2.409	2.386	2.372	2.363	2.419
	5	2.495	2.407	2.368	2.347	2.333	2.323	2.379
	6	2.470	2.384	2.346	2.324	2.310	2.301	2.356
恒荷载＋波浪荷载＋海流荷载（主导作用）	2	2.935	2.868	2.835	2.816	2.804	2.795	2.842
	3	2.717	2.657	2.627	2.610	2.599	2.591	2.633
	4	2.625	2.568	2.540	2.523	2.512	2.505	2.545
	5	2.579	2.523	2.496	2.480	2.469	2.462	2.501
	6	2.553	2.498	2.471	2.455	2.445	2.438	2.477

轴力、弯矩联合作用时的可靠指标（X管节点）　　表 9. 10

荷载组合	ρ_2	ρ_1						平均值
		1	2	3	4	5	6	
恒荷载+船舶靠岸撞击力	2	3. 102	3. 170	3. 199	3. 215	3. 225	3. 232	3. 190
	3	2. 851	2. 914	2. 942	2. 957	2. 967	2. 973	2. 934
	4	2. 746	2. 809	2. 836	2. 850	2. 860	2. 866	2. 828
	5	2. 695	2. 756	2. 783	2. 797	2. 807	2. 813	2. 775
	6	2. 665	2. 726	2. 753	2. 767	2. 777	2. 783	2. 745
恒荷载+船舶系泊撞击力	2	3. 783	3. 712	3. 668	3. 642	3. 624	3. 612	3. 674
	3	3. 567	3. 518	3. 482	3. 459	3. 444	3. 434	3. 484
	4	3. 478	3. 437	3. 405	3. 384	3. 370	3. 361	3. 406
	5	3. 433	3. 397	3. 366	3. 347	3. 334	3. 324	3. 367
	6	3. 408	3. 375	3. 345	3. 326	3. 313	3. 303	3. 345
恒荷载+船舶系缆力	2	2. 594	2. 468	2. 404	2. 366	2. 340	2. 322	2. 416
	3	2. 368	2. 251	2. 191	2. 155	2. 132	2. 115	2. 202
	4	2. 275	2. 161	2. 103	2. 068	2. 045	2. 029	2. 114
	5	2. 228	2. 116	2. 059	2. 025	2. 002	1. 986	2. 069
	6	2. 202	2. 091	2. 034	2. 000	1. 978	1. 962	2. 044
恒荷载+波浪荷载（主导作用）+海流荷载	2	2. 846	2. 740	2. 694	2. 669	2. 652	2. 641	2. 707
	3	2. 631	2. 537	2. 495	2. 472	2. 457	2. 447	2. 506
	4	2. 542	2. 452	2. 412	2. 390	2. 376	2. 366	2. 423
	5	2. 497	2. 410	2. 371	2. 349	2. 335	2. 325	2. 381
	6	2. 472	2. 386	2. 347	2. 326	2. 312	2. 302	2. 357
恒荷载+波浪荷载+海流荷载（主导作用）	2	2. 955	2. 886	2. 852	2. 833	2. 821	2. 812	2. 860
	3	2. 725	2. 664	2. 634	2. 617	2. 606	2. 598	2. 640
	4	2. 629	2. 572	2. 543	2. 527	2. 516	2. 509	2. 549
	5	2. 581	2. 526	2. 498	2. 482	2. 472	2. 464	2. 504
	6	2. 555	2. 500	2. 473	2. 457	2. 446	2. 439	2. 478

轴力、弯矩联合作用时的可靠指标（K管节点）　　表 9. 11

荷载组合	ρ_2	ρ_1						平均值
		1	2	3	4	5	6	
恒荷载+船舶靠岸撞击力	2	2. 580	2. 641	2. 667	2. 682	2. 692	2. 698	2. 660
	3	2. 457	2. 517	2. 543	2. 557	2. 566	2. 573	2. 536
	4	2. 411	2. 47	2. 496	2. 510	2. 519	2. 525	2. 488
	5	2. 389	2. 447	2. 473	2. 487	2. 496	2. 502	2. 466
	6	2. 377	2. 435	2. 461	2. 475	2. 484	2. 490	2. 453
恒荷载+船舶系泊撞击力	2	3. 365	3. 342	3. 316	3. 298	3. 287	3. 278	3. 314
	3	3. 260	3. 248	3. 226	3. 211	3. 201	3. 193	3. 223
	4	3. 220	3. 213	3. 193	3. 178	3. 169	3. 161	3. 189
	5	3. 201	3. 196	3. 176	3. 163	3. 153	3. 146	3. 173
	6	3. 190	3. 186	3. 167	3. 154	3. 145	3. 138	3. 163

荷载组合	ρ_2	ρ_1						平均值
		1	2	3	4	5	6	
恒荷载＋船舶系缆力	2	2.111	2.000	1.944	1.910	1.888	1.872	1.954
	3	2.001	1.894	1.840	1.807	1.785	1.770	1.850
	4	1.960	1.854	1.800	1.768	1.747	1.731	1.810
	5	1.939	1.834	1.781	1.749	1.728	1.713	1.791
	6	1.928	1.824	1.770	1.739	1.718	1.703	1.780
恒荷载＋波浪荷载（主导作用）＋海流荷载	2	2.402	2.321	2.285	2.264	2.251	2.242	2.295
	3	2.297	2.221	2.187	2.168	2.155	2.147	2.196
	4	2.257	2.183	2.149	2.131	2.119	2.110	2.158
	5	2.237	2.165	2.132	2.113	2.101	2.093	2.140
	6	2.227	2.155	2.122	2.103	2.091	2.083	2.130
恒荷载＋波浪荷载＋海流荷载（主导作用）	2	2.479	2.428	2.402	2.387	2.378	2.371	2.407
	3	2.366	2.319	2.295	2.281	2.272	2.266	2.300
	4	2.324	2.278	2.255	2.241	2.232	2.226	2.259
	5	2.303	2.258	2.235	2.222	2.213	2.207	2.240
	6	2.292	2.247	2.225	2.211	2.202	2.196	2.229

由表 9.2～表 9.11 可以看出，按《中国海洋石油天然气行业标准》SY/T 1009—1996 给出的公式进行设计时，有些情况下可靠指标较小，低于我国现行港口设计规范的目标可靠指标 3.5。

9.6.2   按港口工程钢结构设计规范

表 9.12～表 9.24 为按《港口工程钢结构设计规范》JTJ 283—1999 进行设计时计算得到的可靠指标，其中结构重要性系数取 $\gamma_0 = 1.0$，即按二级结构考虑。

轻型码头结构可靠指标（恒荷载＋系缆力）   表 9.12

构件受力特征		ρ						平均值
		1	2	3	4	5	6	
强度	轴向拉伸	6.782	6.027	5.709	5.535	5.425	5.349	5.804
	轴向受压	5.109	4.720	4.535	4.43	4.361	4.314	4.578
	弯曲	6.196	5.706	5.481	5.353	5.271	5.214	5.537
稳定	轴向受压	6.023	5.499	5.262	5.128	5.043	4.984	5.323
	面内弯曲	6.939	6.394	6.146	6.006	5.917	5.854	6.209

轻型码头结构可靠指标（恒荷载＋船舶靠岸撞击力＋海流）   表 9.13

构件受力特征		ρ						平均值
		1	2	3	4	5	6	
强度	轴向拉伸	5.734	5.388	5.240	5.159	5.108	5.073	5.283
	轴向受压	4.233	4.199	4.157	4.129	4.110	4.096	4.154
	弯曲	5.364	5.205	5.116	5.064	5.030	5.006	5.131
稳定	轴向受压	5.145	4.973	4.881	4.827	4.793	4.768	4.898
	面内弯曲	6.110	5.878	5.763	5.698	5.656	5.627	5.789

轻型码头结构可靠指标（恒荷载＋系泊撞击力＋海流）　　　表 9.14

构件受力特征		ρ						平均值
		1	2	3	4	5	6	
强度	轴向拉伸	4.619	4.318	4.206	4.148	4.112	4.088	4.248
	轴向受压	4.118	3.932	3.858	3.818	3.793	3.776	3.882
	弯曲	4.739	4.473	4.370	4.315	4.282	4.259	4.406
稳定	轴向受压	4.525	4.271	4.173	4.121	4.089	4.068	4.208
	面内弯曲	5.193	4.878	4.756	4.692	4.653	4.626	4.800

轻型码头结构可靠指标（恒荷载＋靠岸撞击力＋海浪）　　　表 9.15

构件受力特征		ρ						平均值
		1	2	3	4	5	6	
强度	轴向拉伸	5.501	5.144	4.997	4.918	4.869	4.835	5.044
	轴向受压	4.257	4.170	4.113	4.078	4.055	4.039	4.119
	弯曲	5.283	5.073	4.973	4.916	4.879	4.854	4.996
稳定	轴向受压	5.055	4.838	4.736	4.679	4.642	4.617	4.761
	面内弯曲	5.967	5.690	5.565	5.496	5.452	5.422	5.599

轻型码头结构可靠指标（恒荷载＋系泊撞击力＋海浪）　　　表 9.16

构件受力特征		ρ						平均值
		1	2	3	4	5	6	
强度	轴向拉伸	4.677	4.380	4.269	4.212	4.176	4.153	4.311
	轴向受压	4.182	3.999	3.926	3.886	3.862	3.845	3.950
	弯曲	4.795	4.532	4.431	4.377	4.343	4.321	4.467
稳定	轴向受压	4.584	4.333	4.236	4.185	4.154	4.133	4.271
	面内弯曲	5.245	4.932	4.813	4.749	4.710	4.683	4.855

轻型码头结构可靠指标（恒荷载＋海浪＋海流）　　　表 9.17

构件受力特征		ρ						平均值
		1	2	3	4	5	6	
强度	轴向拉伸	4.053	3.641	3.489	3.409	3.361	3.328	3.547
	轴向受压	3.895	3.798	3.735	3.650	3.593	3.428	3.683
	弯曲	4.215	3.832	3.687	3.611	3.564	3.532	3.740
稳定	轴向受压	3.996	3.621	3.479	3.405	3.360	3.329	3.532
	面内弯曲	4.654	4.232	4.073	3.99	3.938	3.903	4.132

轻型码头结构可靠指标（恒荷载＋海流＋海浪）　　　表 9.18

构件受力特征		ρ						平均值
		1	2	3	4	5	6	
强度	轴向拉伸	5.187	4.690	4.502	4.402	4.341	4.299	4.570
	轴向受压	4.379	4.048	3.914	3.841	3.796	3.765	3.957
	弯曲	5.178	4.768	4.606	4.520	4.466	4.429	4.661
稳定	轴向受压	4.953	4.540	4.378	4.291	4.237	4.201	4.433
	面内弯曲	5.737	5.283	5.104	5.009	4.950	4.910	5.166

轴压、弯曲联合作用时的可靠指标（强度）　　　　表 9.19

荷载组合	ρ_2	ρ_1						平均值
		1	2	3	4	5	6	
恒荷载＋系缆力	2	5.120	4.732	4.548	4.443	4.375	4.327	4.591
	3	5.126	4.739	4.554	4.449	4.381	4.334	4.597
	4	5.131	4.745	4.561	4.456	4.388	4.340	4.603
	5	5.137	4.751	4.567	4.462	4.394	4.347	4.610
	6	5.142	4.757	4.573	4.468	4.400	4.353	4.616
恒荷载＋靠岸撞击力＋海流	2	3.809	3.647	3.577	3.538	3.514	3.498	3.597
	3	3.814	3.652	3.582	3.543	3.519	3.503	3.602
	4	3.818	3.656	3.587	3.548	3.524	3.508	3.607
	5	3.823	3.661	3.592	3.553	3.529	3.513	3.612
	6	3.827	3.666	3.597	3.558	3.534	3.518	3.617
恒荷载＋系泊撞击力＋海流	2	4.228	4.073	4.010	3.977	3.956	3.941	4.031
	3	4.235	4.080	4.017	3.984	3.963	3.948	4.038
	4	4.242	4.087	4.024	3.991	3.970	3.955	4.045
	5	4.248	4.093	4.031	3.998	3.977	3.962	4.052
	6	4.255	4.100	4.038	4.004	3.984	3.969	4.058
恒荷载＋靠岸撞击力＋波浪	2	3.765	3.591	3.519	3.481	3.457	3.440	3.542
	3	3.771	3.596	3.525	3.486	3.462	3.446	3.548
	4	3.776	3.602	3.530	3.492	3.468	3.451	3.553
	5	3.781	3.607	3.536	3.497	3.473	3.457	3.558
	6	3.786	3.612	3.541	3.503	3.479	3.462	3.564
恒荷载＋系泊撞击力＋波浪	2	4.274	4.120	4.058	4.025	4.004	3.990	4.078
	3	4.281	4.127	4.065	4.032	4.012	3.998	4.086
	4	4.288	4.134	4.072	4.040	4.019	4.005	4.093
	5	4.295	4.141	4.080	4.047	4.026	4.012	4.100
	6	4.302	4.148	4.087	4.054	4.034	4.020	4.107
恒荷载＋波浪＋海流	2	3.947	3.661	3.554	3.497	3.463	3.439	3.594
	3	3.953	3.668	3.560	3.504	3.469	3.445	3.600
	4	3.960	3.674	3.566	3.510	3.475	3.451	3.606
	5	3.966	3.680	3.572	3.516	3.481	3.457	3.612
	6	3.972	3.686	3.579	3.522	3.487	3.464	3.618
恒荷载＋海流＋波浪	2	4.496	4.209	4.097	4.038	4.001	3.975	4.136
	3	4.503	4.216	4.104	4.044	4.007	3.982	4.143
	4	4.509	4.222	4.110	4.050	4.013	3.988	4.149
	5	4.515	4.229	4.116	4.057	4.020	3.995	4.155
	6	4.522	4.235	4.123	4.063	4.026	4.001	4.162

轴压、弯曲联合作用时的可靠指标（稳定）　　　　表 9.20

荷载组合	ρ_2	ρ_1						平均值
		1	2	3	4	5	6	
恒荷载＋系缆力	2	4.252	3.913	3.750	3.656	3.596	3.553	3.787
	3	4.190	3.844	3.678	3.584	3.523	3.480	3.716
	4	4.156	3.806	3.639	3.544	3.483	3.440	3.678
	5	4.134	3.781	3.614	3.519	3.458	3.415	3.653
	6	4.119	3.765	3.597	3.502	3.440	3.397	3.637

续表

荷载组合	ρ_2	ρ_1						平均值
		1	2	3	4	5	6	
恒荷载＋靠岸撞击力＋海流	2	4.686	4.449	4.353	4.301	4.269	4.247	4.384
	3	4.601	4.361	4.264	4.212	4.179	4.157	4.296
	4	4.556	4.314	4.217	4.165	4.132	4.110	4.249
	5	4.528	4.285	4.188	4.136	4.103	4.081	4.220
	6	4.509	4.266	4.168	4.116	4.083	4.061	4.201
恒荷载＋系泊撞击力＋海流	2	5.037	4.818	4.734	4.689	4.661	4.642	4.764
	3	4.924	4.703	4.618	4.574	4.546	4.527	4.649
	4	4.864	4.643	4.558	4.513	4.486	4.467	4.589
	5	4.828	4.606	4.521	4.476	4.448	4.430	4.552
	6	4.803	4.581	4.496	4.451	4.423	4.405	4.527
恒荷载＋靠岸撞击力＋波浪	2	4.575	4.332	4.237	4.186	4.155	4.133	4.270
	3	4.482	4.238	4.143	4.092	4.061	4.039	4.176
	4	4.434	4.189	4.093	4.043	4.011	3.990	4.127
	5	4.404	4.159	4.063	4.012	3.981	3.960	4.097
	6	4.384	4.138	4.043	3.992	3.961	3.939	4.076
恒荷载＋系泊撞击力＋波浪	2	5.082	4.867	4.784	4.740	4.712	4.694	4.813
	3	4.964	4.747	4.664	4.619	4.592	4.574	4.693
	4	4.903	4.685	4.601	4.557	4.529	4.511	4.631
	5	4.864	4.646	4.562	4.518	4.491	4.472	4.592
	6	4.839	4.620	4.536	4.492	4.465	4.446	4.566
恒荷载＋波浪＋海流	2	4.220	3.912	3.796	3.736	3.699	3.674	3.839
	3	4.123	3.817	3.702	3.642	3.606	3.581	3.745
	4	4.072	3.767	3.653	3.594	3.557	3.532	3.696
	5	4.041	3.736	3.623	3.564	3.527	3.502	3.666
	6	4.019	3.716	3.602	3.543	3.507	3.482	3.645
恒荷载＋海流＋波浪	2	4.830	4.514	4.392	4.327	4.287	4.260	4.435
	3	4.731	4.415	4.293	4.228	4.188	4.161	4.336
	4	4.679	4.363	4.241	4.176	4.136	4.109	4.284
	5	4.647	4.331	4.209	4.144	4.104	4.077	4.252
	6	4.625	4.309	4.187	4.122	4.083	4.056	4.230

轴压、弯曲联合作用时的可靠指标（T 管节点）　　　　表 9.21

荷载组合	ρ_1				平均值
	1	2	3	4	
恒荷载＋系缆力	4.235	4.126	4.066	4.029	4.114
恒荷载＋靠岸撞击力＋海流	4.560	4.519	4.491	4.475	4.511
恒荷载＋系泊撞击力＋海流	4.905	4.829	4.788	4.765	4.822
恒荷载＋靠岸撞击力＋波浪	4.589	4.517	4.478	4.455	4.509
恒荷载＋系泊撞击力＋波浪	4.940	4.857	4.814	4.789	4.850
恒荷载＋波浪＋海流	4.151	3.996	3.930	3.893	3.992
恒荷载＋海流＋波浪	4.348	4.249	4.202	4.175	4.244

轴压、弯曲联合作用时的可靠指标（K 管节点）　　表 9.22

荷载组合	ρ_1				平均值
	1	2	3	4	
恒荷载＋系缆力	5.613	5.462	5.379	5.329	5.446
恒荷载＋靠岸撞击力＋海流	5.574	5.473	5.421	5.391	5.465
恒荷载＋系泊撞击力＋海流	5.752	5.601	5.531	5.492	5.594
恒荷载＋靠岸撞击力＋波浪	5.534	5.394	5.330	5.293	5.388
恒荷载＋系泊撞击力＋波浪	5.760	5.601	5.529	5.490	5.595
恒荷载＋波浪＋海流	4.991	4.776	4.688	4.640	4.774
恒荷载＋海流＋波浪	5.307	5.153	5.084	5.046	5.148

轴压、弯曲联合作用时的可靠指标（X 管节点）　　表 9.23

荷载组合	ρ_1				平均值
	1	2	3	4	
恒荷载＋系缆力	6.016	5.745	5.606	5.525	5.723
恒荷载＋靠岸撞击力＋海流	6.191	5.951	5.850	5.795	5.947
恒荷载＋系泊撞击力＋海流	6.225	5.958	5.850	5.792	5.956
恒荷载＋靠岸撞击力＋波浪	6.024	5.759	5.651	5.593	5.757
恒荷载＋系泊撞击力＋波浪	6.215	5.945	5.837	5.778	5.944
恒荷载＋波浪＋海流	5.223	4.915	4.795	4.732	4.916
恒荷载＋海流＋波浪	5.784	5.510	5.398	5.337	5.507

刚性嵌岩桩结构可靠指标　　表 9.24

荷载组合	ρ_1						平均值
	1	2	3	4	5	6	
恒荷载＋系缆力	3.788	3.639	3.559	3.510	3.478	3.455	3.572
恒荷载＋靠岸撞击力＋海流	4.719	4.958	5.074	5.144	5.189	5.223	5.051
恒荷载＋系泊撞击力＋海流	4.995	4.865	4.805	4.772	4.751	4.736	4.821
恒荷载＋靠岸撞击力＋波浪	4.729	4.983	5.113	5.196	5.254	5.298	5.095
恒荷载＋系泊撞击力＋波浪	5.007	4.877	4.818	4.784	4.763	4.748	4.833
恒荷载＋波浪＋海流	3.833	3.624	3.539	3.493	3.464	3.444	3.566
恒荷载＋海流＋波浪	4.338	4.221	4.160	4.125	4.102	4.086	4.172

由表 9.12～表 9.24 可以看出，按《港口工程钢结构设计规范》JTJ 283—1999 进行设计时轻型码头的可靠指标大于按《中国海洋石油天然气行业标准》SY/T 1009—1996 进行设计时的可靠指标，总体上达到了我国现行港口设计规范二级结构物，目标可靠指标 3.5 的要求。

9.7　结构重要性系数

上面按《港口工程钢结构设计规范》JTJ 283—1999 的分析结果是针对二级

结构的，结构重要性系数 γ_0 取为 1.0。对于一级结构和三级结构，我国《港口工程结构可靠度设计统一标准》规定重要性系数取为 $\gamma_0=1.1$ 和 0.9，相应的目标可靠指标为 4.0 和 3.0，需要研究其对轻型码头结构的适用性。表 9.25～表 9.27 为 $\gamma_0=0.9$ 时的分析结果，可靠指标均大于 3.0；表 9.28～表 9.30 为 $\gamma_0=1.1$ 时的分析结果，可靠指标均大于 4.0。所以，对于轻型码头，按《港口工程钢结构设计规范》JTJ 283—1999 的设计表达式进行设计时，一级结构和三级结构的结构重要性系数采用 $\gamma_0=1.1$ 和 0.9 是可行的。

轻型码头结构可靠指标（$\gamma_0=0.9$）   表 9.25

荷载组合	可靠指标 β				
	强度			稳定	
	轴向拉伸	轴向受压	弯曲	轴向受压	面内弯曲
恒荷载＋系缆力	4.134	3.120	3.532	4.837	5.109
恒荷载＋靠岸撞击力＋海流	3.118	3.731	3.971	4.920	5.400
恒荷载＋系泊撞击力＋海流	3.591	4.147	4.354	5.130	5.493
恒荷载＋靠岸撞击力＋波浪	3.084	3.685	4.049	4.937	5.310
恒荷载＋系泊撞击力＋波浪	3.644	4.216	4.409	5.161	5.514
恒荷载＋波浪＋海流	3.162	3.308	3.587	4.385	4.530
恒荷载＋海流＋波浪	3.665	3.772	3.709	4.609	4.967

管节点可靠指标（$\gamma_0=0.9$）   表 9.26

荷载组合	可靠指标 β				
	压弯（强度）	压弯（稳定）	管节点静强度		
			T	X	K
恒荷载＋系缆力	4.603	3.694	4.114	5.446	5.723
恒荷载＋靠岸撞击力＋海流	3.607	4.270	4.511	5.465	5.947
恒荷载＋系泊撞击力＋海流	4.045	4.616	4.822	5.594	5.956
恒荷载＋靠岸撞击力＋波浪	3.553	4.149	4.509	5.388	5.757
恒荷载＋系泊撞击力＋波浪	4.093	4.659	4.850	5.595	5.944
恒荷载＋波浪＋海流	3.606	3.718	3.992	4.774	4.916
恒荷载＋海流＋波浪	4.149	4.307	4.244	5.148	5.507

刚性嵌岩桩结构可靠指标（$\gamma_0=0.9$）   表 9.27

荷载组合	ρ_1						平均值
	1	2	3	4	5	6	
恒荷载＋系缆力	3.283	3.151	3.080	3.037	3.008	2.988	3.091
恒荷载＋靠岸撞击力＋海流	4.176	4.405	4.515	4.580	4.623	4.654	4.492
恒荷载＋系泊撞击力＋海流	4.640	4.549	4.503	4.477	4.460	4.448	4.513
恒荷载＋靠岸撞击力＋波浪	4.184	4.424	4.544	4.618	4.668	4.705	4.524
恒荷载＋系泊撞击力＋波浪	4.652	4.561	4.516	4.490	4.473	4.461	4.525
恒荷载＋波浪＋海流	3.475	3.300	3.227	3.187	3.163	3.146	3.250
恒荷载＋海流＋波浪	3.884	3.809	3.764	3.736	3.718	3.705	3.769

轻型码头结构可靠指标（$\gamma_0 = 1.1$）　　　表 9.28

荷载组合	可靠指标 β				
	强度			稳定	
	轴向拉伸	轴向受压	弯曲	轴向受压	面内弯曲
恒荷载＋系缆力	6.394	5.048	6.003	5.903	6.649
恒荷载＋靠岸撞击力＋海流	5.863	4.614	5.587	5.468	6.219
恒荷载＋系泊撞击力＋海流	4.858	4.372	4.892	4.808	5.260
恒荷载＋靠岸撞击力＋波浪	5.644	4.599	5.472	5.351	6.049
恒荷载＋系泊撞击力＋波浪	4.926	4.445	4.958	4.876	5.320
恒荷载＋波浪＋海流	4.172	4.188	4.241	4.147	4.607
恒荷载＋海流＋波浪	5.150	4.417	5.117	5.003	5.596

管节点可靠指标（$\gamma_0 = 1.1$）　　　表 9.29

荷载组合	可靠指标 β				
	压弯（强度）	压弯（稳定）	管节点静强度		
			T	X	K
恒荷载＋系缆力	5.193	4.164	4.580	6.026	6.163
恒荷载＋靠岸撞击力＋海流	4.187	4.730	4.967	6.035	6.377
恒荷载＋系泊撞击力＋海流	4.655	5.106	5.308	6.194	6.416
恒荷载＋靠岸撞击力＋波浪	4.153	4.629	4.985	5.978	6.207
恒荷载＋系泊撞击力＋波浪	4.708	5.154	5.341	6.200	6.409
恒荷载＋波浪＋海流	4.231	4.223	4.493	5.389	5.391
恒荷载＋海流＋波浪	4.729	4.767	4.700	5.718	5.937

刚性嵌岩桩结构可靠指标（$\gamma_0 = 1.1$）　　　表 9.30

荷载组合	ρ_1						平均值
	1	2	3	4	5	6	
恒荷载＋系缆力	4.245	4.079	3.991	3.938	3.903	3.878	4.006
恒荷载＋靠岸撞击力＋海流	5.211	5.459	5.581	5.655	5.706	5.743	5.559
恒荷载＋系泊撞击力＋海流	5.316	5.153	5.082	5.042	5.017	5.000	5.102
恒荷载＋靠岸撞击力＋波浪	5.222	5.490	5.634	5.729	5.800	5.856	5.622
恒荷载＋系泊撞击力＋波浪	5.327	5.165	5.093	5.054	5.029	5.012	5.113
恒荷载＋波浪＋海流	4.445	4.184	4.079	4.022	3.987	3.963	4.113
恒荷载＋海流＋波浪	4.739	4.587	4.513	4.471	4.444	4.425	4.530

9.8　本章小结

　　本章根据本文对各种可变荷载的统计分析结果，对轻型码头构件和节点的可靠指标进行了计算。计算结果表明：虽然轻型码头的结构形式类似于海洋平台结构，但由于荷载性质有所不同，按《中国海洋石油天然气行业标准》SY/T

1009—1996 的荷载和抗力分项系数进行设计时的可靠指标达不到我国现行港口设计规范目标可靠指标的水平，按《港口工程钢结构设计规范》JTJ 283—1999 的荷载和材料分项系数计算的可靠指标总体上达到了我国现行港口设计规范的目标可靠指标；对于一级、二级和三级结构，结构重要性系数可采用 $\gamma_0 = 1.1$、1.0 和 0.9。

10 轻型码头结构疲劳可靠度分析

10.1 引言

轻型码头结构除了承受静态荷载作用外，还承受波浪、海风等引起的反复或交变荷载的作用。结构在反复荷载作用下的破坏特征与静态荷载作用下的破坏特征有着本质的不同。在静态荷载作用下，结构的破坏是由于结构材料达到了其极限强度，而在反复荷载作用下，结构的破坏是材料内部损伤不断积累的结果，工程上称之为疲劳破坏。疲劳破坏实验表明，无论在静力作用下结构是脆性材料还是延性材料，疲劳破坏都呈现脆性性质。因此，承受反复荷载作用的结构的耐疲劳性能以及结构的抗疲劳设计一直是工程中较受重视的研究内容之一。

波浪、海风和海流是作用于轻型码头上的主要交变荷载，而相对于波浪作用，风和海流对结构的疲劳损伤影响相对较小，一般忽略不计。本文主要考虑波浪荷载对轻型码头结构疲劳寿命的影响。

10.2 结构及结构细部的疲劳强度特性

结构或结构材料在反复荷载作用下会发生疲劳破坏，破坏与结构或结构材料本身的性质、破坏截面的应力变程、平均应力、反复荷载的历史等诸多因素有关。疲劳破坏可分为高周疲劳破坏和低周疲劳破坏。当结构或结构材料承受的循环应力远低于材料的屈服强度，而疲劳破坏经历的应力循环次数超过 10^5 时为高周疲劳破坏。

10.2.1 结构或结构材料的 S-N 曲线

S-N 曲线是描述结构或结构材料耐疲劳性能的一个基本方程，反映了应力变程与应力循环次数的关系，一般通过对结构或结构材料进行等幅循环加载实验得到。在结构疲劳分析中，S-N 曲线的高周疲劳段常用幂函数[127]表示。

$$\Delta\sigma^m N = A \tag{10.1}$$

其中，$\Delta\sigma$ 为结构或结构材料的应力变程；N 为应力变程 $\Delta\sigma$ 下结构或结构材料可承受的应力循环次数；m 和 A 为结构或结构材料的材料性能常数。

在给定的等幅循环应力下，结构可承受的应力循环次数称为结构的疲劳寿命。结构的疲劳寿命可直接通过实验得到。而在给定的应力循环次数下，恰好使结构破坏的应力为结构的疲劳强度。疲劳强度一般不能直接通过实验得到，可通过结构的 S-N 曲线推算得出。

由于结构材料组成、构件的制作工艺和方法、构件表面状况等因素的影响，结构的耐疲劳性能是不确定的，反映在式（10.1）中，m 和 A 都是随机变量。因此，一定应力幅值下的结构疲劳寿命和一定应力循环次数下的结构疲劳强度也都为随机变量。由于参数 m 的变异性较小，一般分析中将 m 视为确定的值，而将 A 作为随机变量处理。对于式（10.1），两边取对数得

$$m\ln\Delta\sigma + \ln N = \ln A \tag{10.2}$$

一般认为结构材料性能参数 A 服从对数正态分布，这样应力幅 $\Delta\sigma$ 也服从对数正态分布。在规定的应力循环次数 n_e 下，结构疲劳强度 $\Delta\sigma_e$ 的对数的平均值和标准差可由下式求得

$$\left.\begin{aligned}\mu_{\ln\Delta\sigma_e} &= \frac{1}{m}(\mu_{\ln A} - \ln n_e) \\ \sigma_{\ln\Delta\sigma_e} &= \frac{1}{m}\sigma_{\ln A}\end{aligned}\right\} \tag{10.3}$$

10.2.2　海洋工程结构常用 *S-N* 曲线及其统计特性

目前在海洋工程方面应用最广泛的是美国石油学会（API）推荐的 *S-N* 曲线，如图 10.1 所示。

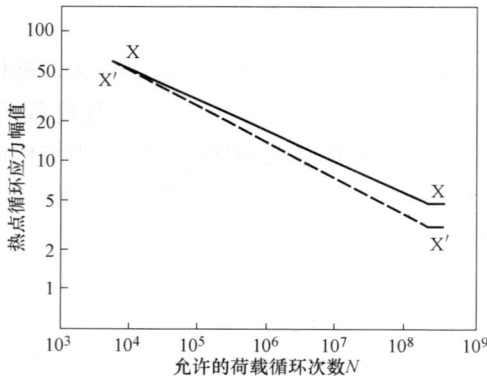

图 10.1　API 规范中的 *S-N* 曲线

图 10.1 中，X 曲线用于焊缝与相邻母材光滑过渡的情况，X' 曲线用于不是光滑过渡的情况，两曲线的表达式为：

$$X \text{ 型}\quad N\Delta\sigma^{4.38} = 1.15\times10^{15}$$

$$X' \text{ 型}\quad N\Delta\sigma^{3.74} = 2.5\times10^{13} \tag{10.4}$$

在高寿命区，X 曲线和 X' 曲线采用疲劳极限形式，当 $N>2\times10^8$ 时，$S\text{-}N$ 曲线为一水平直线。X 曲线的疲劳极限为 $S_Q=35\text{MPa}$；X' 曲线的疲劳极限为 $S_Q=23\text{MPa}$。式（10.4）表示的是设计 $S\text{-}N$ 曲线，在可靠度分析中，需要知道相应的平均值 $S\text{-}N$ 曲线及其有关的统计数据。$S\text{-}N$ 曲线中参数 A 的平均值 $\mu_A=2.16\times10^{16}$，变异系数 $\delta_A=0.73$[127]。则 $\ln A$ 的平均值和变异系数可表示为

$$\mu_{\ln A}=\ln\left(\frac{\mu_A}{\sqrt{1+\delta_A^2}}\right)=\ln\left(\frac{2.16\times10^{16}}{\sqrt{1+0.73^2}}\right)=37.4$$

$$\sigma_{\ln A}=\sqrt{\ln(1+\delta_A^2)}=\sqrt{\ln(1+0.73^2)}=0.654 \tag{10.5}$$

当应力循环次数 n_e 已知，$\ln\Delta\sigma$ 的平均值和变异系数可由式（10.3）得到，这样 $\Delta\sigma$ 的平均值和变异系数可表示为

$$\mu_{\Delta\sigma}=\exp(\mu_{\ln\Delta\sigma})\sqrt{1+\delta_{\Delta\sigma}^2}$$

$$\delta_{\Delta\sigma}=\sqrt{\exp(\sigma_{\ln\Delta\sigma}^2)-1} \tag{10.6}$$

10.2.3 结构或结构材料的累积损伤法则

在远低于结构材料屈服强度的循环应力作用下，结构不会立即发生破坏，但每一个应力循环都会给结构造成微小的损伤，当这种损伤积累到一定程度时，结构才会发生疲劳破坏。描述结构疲劳累积损伤最早的理论，是 1945 年迈纳（Miner）提出的线性疲劳损伤累积理论[128]，表示为

$$D=\sum_i \frac{n_i}{N_i} \tag{10.7}$$

式中，n_i 为某一等幅应力的循环次数；N_i 为相应幅值循环应力下结构的疲劳寿命；D 为结构的疲劳累积损伤指数，理论上当 $D=1$ 时结构发生疲劳破坏。线性疲劳损伤累积理论虽然有一些缺点，如没有考虑加载次序的影响，但由于形式简单，至今仍被广泛应用。目前描述结构疲劳累积损伤的模型非常多[129]，但都比较复杂，工程上应用较为困难。

10.3 波浪的随机特性及应力分析

10.3.1 波浪谱的确定

波浪主要是由风的作用引起的，但是直接根据风的参数，理论上估算波浪谱是非常困难的。因此，到目前为止，实用的海上波浪谱资料是直接根据大量的实测统计资料，在半经验、半理论的基础上通过分析得到的。在过去几十年中提出了多个海浪功率谱的经验表达式，目前，Pierson-Moskowitz 谱在海洋工程中得

到了广泛地应用。P-M 谱根据所选用参数的不同，有多种形式，本章选用有效波高 H_S 表示的 P-M 谱[130]，基本表达式为[79]：

$$S(\omega) = \frac{0.78}{\omega^5} \exp\left(-\frac{3.11}{H_S^2 \omega^5}\right) \qquad (10.8)$$

式中，H_S 为有效波高（m）；ω 为频率（rad/s）。

由式（10.8）可看出，当有效波高 H_S 已知时，即可确定波浪谱，如图 10.2 所示。

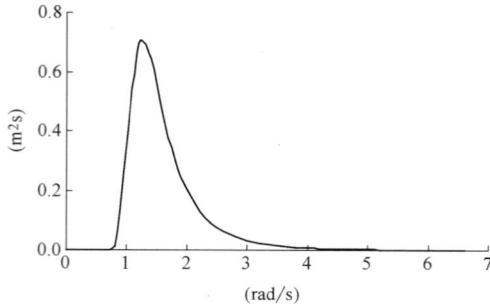

图 10.2　波浪谱曲线

10.3.2　波浪的谱分析

波浪的长期分布可看成是由多个短期海况的序列组成的，在每一海况中，波浪是一个均值为零的平稳正态随机过程。假定系统是线性的，则由波浪引起的交变应力的长期分布也可看作是由多个短期海况序列组成的。根据随机过程理论，平稳随机过程的统计特性可由其功率谱密度函数完全确定。

谱分析法利用传递函数和海洋波浪谱预测结构中的波浪诱导应力谱。设 $S(\omega)$ 和 $S_{\Delta\sigma}(\omega)$ 分别为平稳正态随机波浪谱和应力幅功率谱，则有

$$S_{\Delta\sigma}(\omega) = |H(\omega)|^2 S(\omega) \qquad (10.9)$$

式中，$H(\omega)$ 为线性动力系统的传递函数。

10.3.3　传递函数的确定

由式（10.9）可看出，只要已知传递函数 $H(\omega)$，就可得到应力幅功率谱。确定传递函数时，需要计算结构在波浪作用下的应力幅，首先使结构经受一给定波幅和圆频率的规则余弦波的作用，用波浪理论计算作用在结构上的波浪荷载；然后用有限元法对结构进行准静力分析，得到各杆件的名义应力，再考虑热点应力效应计算结构内的热点应力幅值，将得到的所考虑位置的响应幅值与波幅相比得到该圆频率下传递函数值。取一系列不同的圆频率按上述方法重复计算，得到

传递函数 $H(\omega)$ 关于 ω 的变化规律即传递函数。

由式（10.9）得到当交变应力幅的功率谱 $S_{\Delta\sigma}(\omega)$ 得到后，功率谱密度函数的 n 阶矩可定义为：

$$m_n = \int_0^{+\infty} \omega^n S_{\Delta\sigma}(\omega) d\omega \quad n = 0, 1, 2, \cdots \qquad (10.10)$$

交变应力过程的标准差 σ_X，跨零率 f_0 和带宽系数 ε 可表示为：

$$\left. \begin{array}{c} \sigma_X = \sqrt{m_0} \\ f_0 = \dfrac{1}{2\pi}\sqrt{m_2/m_0} \\ \varepsilon = \sqrt{1 - m_2^2/m_0 m_4} \end{array} \right\} \qquad (10.11)$$

目前国内外已经有很多专家对热点应力的计算方法进行了系统的研究，但是由于热点的位置具有很大的随机性，所以想准确的确定热点应力的位置还非常困难[131-153]。本文选用弦杆与撑杆交线附近的 8 个点进行计算，其中热点应力系数按挪威船级社（DNV）的《海上钢结构疲劳强度分析推荐作法》取值。

10.3.4 应力参数

当载荷的长期分布是由若干短期海况组成，且每一海况中应力幅的短期分布可用连续的概率密度函数来表示时，对每一短期海况来说，疲劳累积损伤的计算可写成下列连续积分的形式：

$$D_{L_i} = \int_{L_i} \frac{dn}{N} \qquad (10.12)$$

式中，L_i 为第 i 海况的作用时间；D_{L_i} 为 L_i 期间的累积损伤度；$\int_{L_i}$ 表示对第 i 海况作用时间长度 L_i 的积分。

上式的积分项中，分子 dn 是在区间 $d\Delta\sigma$ 内应力幅的循环次数，等于该区间内应力幅出现的概率 $f_{\Delta\sigma_i}(\Delta\sigma)\,d\Delta\sigma$ 与 L_i 期间应力幅循环次数 N_{L_i} 的乘积，即：

$$dn = N_{L_i} f_{\Delta\sigma_i}(\Delta\sigma) d\Delta\sigma \qquad (10.13)$$

根据式（10.1），积分中的分母 N 当采用双对数线性形式的 S-N 曲线时为：

$$N = A/\Delta\sigma^m \qquad (10.14)$$

将式（10.13）和式（10.14）代入式（10.12），积分式变成：

$$D_{L_i} = \int_{L_i} \frac{dn}{N} = \int_0^{+\infty} \frac{N_{L_i} \Delta\sigma^m f_{\Delta\sigma_i}(\Delta\sigma) d\Delta\sigma}{A}$$

$$= \frac{N_{L_i}}{A} \int_0^{+\infty} \Delta\sigma^m f_{\Delta\sigma_i}(\Delta\sigma) d\Delta\sigma = \frac{N_{L_i}}{A} E(\Delta\sigma^m)_i \qquad (10.15)$$

式中，$E(\Delta\sigma^m)_i$ 为第 i 海况中的 $\Delta\sigma^m$ 期望值，即：

$$E(\Delta\sigma^m)_i = \int_0^{+\infty} \Delta\sigma^m f_{\Delta\sigma_i}(\Delta\sigma)\mathrm{d}\Delta\sigma \tag{10.16}$$

式中，$f_{\Delta\sigma_i}(\Delta\sigma)$ 为第 i 海况应力幅短期分布的概率密度函数。

设应力幅的长期分布是由 k 个短期海况组成的，那么在设计使用年限 L 内的损伤度为：

$$\begin{aligned} D_L &= \sum_{i=1}^{k} D_{L_i} = \frac{1}{A}\sum_{i=1}^{k} N_{L_i} E(\Delta\sigma^m)_i \\ &= \frac{1}{A}\sum_{i=1}^{k} L_i f_{L_i} E(\Delta\sigma^m)_i = \frac{L}{A}\sum_{i=1}^{k} \gamma_i f_{L_i} E(\Delta\sigma^m)_i \end{aligned} \tag{10.17}$$

式中，f_{L_i} 为第 i 海况中应力幅作用的平均频率，定义为 $f_{L_i}=N_{L_i}/L_i$；γ_i 为第 i 海况作用的时间占整个载荷谱设计使用期的比例，即 $\gamma_i=L_i/L$。

在整个设计使用年限内应力循环总次数为：

$$N_L = \sum_{i=1}^{k} N_{L_i} = \sum_{i=1}^{k} L_i f_{L_i} = L\sum_{i=1}^{k} \gamma_i f_{L_i} \tag{10.18}$$

在总循环次数为 N_L 的前提下，构件或节点疲劳破坏的等效应力为

$$\Delta\sigma_e = \left(\frac{A}{N_L}\right)^{\frac{1}{m}} \tag{10.19}$$

将式（10.17）和式（10.18）代入式（10.19）并取 $D_L=1$ 得

$$\Delta\sigma_e = (\Omega/f_L)^{1/m} \tag{10.20}$$

其中

$$\Omega = \sum_{i=1}^{k} \gamma_i \Omega_i = \sum_{i=1}^{k} \gamma_i f_{L_i} E(\Delta\sigma^m)_i \tag{10.21}$$

通常应力幅的短期分布可用 Rayleigh 分布来表示，概率密度函数为：

$$f_{\Delta\sigma i}(\Delta\sigma) = \frac{\Delta\sigma}{4\sigma_{X_i}^2}\exp\left(-\frac{\Delta\sigma^2}{8\sigma_{X_i}^2}\right) \tag{10.22}$$

期望值 $E(\Delta\sigma^m)_i$ 为

$$E(\Delta\sigma^m)_i = \int_0^{+\infty} \Delta\sigma^m \frac{\Delta\sigma}{4\sigma_{X_i}^2}\exp\left(-\frac{\Delta\sigma^2}{8\sigma_{X_i}^2}\right)d\Delta\sigma = (2\sqrt{2}\sigma_{X_i})^m\Gamma\left(\frac{m}{2}+1\right) \tag{10.23}$$

式中，σ_{X_i} 为第 i 海况中交变应力过程的标准差；$\Gamma(\cdot)$ 为 Γ 函数，由于 Rayleigh 分布是窄带过程，故有：

$$f_{Li} = f_{0i} \tag{10.24}$$

式中，f_{0i} 分别为第 i 海况中交变应力过程的跨零率。

若交变应力过程是宽带的，可利用文献［154］提出的模型，首先把宽带随机交变应力过程假定为窄带来计算疲劳损失，然后对窄带假定进行雨流修正。为此在上式中引入第 i 海况的雨流修正系数 λ_i，其经验公式为

$$\lambda_i = a + (1-a)(1-\varepsilon_i)^b \tag{10.25}$$

式中，ε_i 为第 i 海况的带宽系数；$a = 0.926 - 0.033m$；$b = 1.587m - 2.323$。

将式（10.23）、式（10.24）和式（10.25）代入式（10.21）得到应力参数 Ω 为

$$\Omega = \sum_{i=1}^{k} \gamma_i \Omega_i = (2\sqrt{2})^m \Gamma\left(\frac{m}{2}+1\right) \sum_{i=1}^{k} \lambda_i \gamma_i f_{0i} \sigma_{X_i}^m \tag{10.26}$$

10.4　疲劳可靠度

随机波浪荷载作用下结构的疲劳失效概率可表示为

$$p_f = P(\Delta\sigma_R < \Delta\sigma_e) \tag{10.27}$$

式中，$\Delta\sigma_R$ 为设计使用年限内疲劳应力循环次数 N_f 对应的疲劳应力幅。

功能函数可表示为：

$$Z = \Delta\sigma_R - \Delta\sigma_e = \Delta\sigma_R - (\Omega/f_L)^{1/m} \tag{10.28}$$

在式（10.28）中，参数 $\Delta\sigma_R$ 为随机变量，它反映了疲劳强度的不确定性。此外，还有两个不确定因素需要考虑。首先，Miner 线性累积损伤理论认为当疲劳累计损伤度等于 1 时结构发生破坏，但真实结构发生破坏时累积损伤度并不总是等于 1，用随机变量 C 来表示这一不确定因素。其次，在疲劳应力的计算过程中，由于在对海况描述、波浪力计算、结构应力分析等方面采用了多种假设和理想化的计算模型。因此，计算得到的应力幅与真实应力幅之间存在误差，这一误差可用随机变量来描述，即令：

$$S_a = BS$$

式中，S_a 为真实应力幅，S 为计算结果，B 为描述上述疲劳应力计算过程中的不确定因素的随机变量。计及以上两个不确定因素，对式（10.28）进行修正，则结构的功能函数可表示为

$$Z = \Delta\sigma_R - \Delta\sigma_e = \Delta\sigma_R - B\left(\frac{\Omega}{f_L C}\right)^{1/m} \tag{10.29}$$

为表达和分析方便，式（10.29）也可改写为下面的形式

$$Z = \ln\Delta\sigma_R - \ln\Delta\sigma_e = \ln\Delta\sigma_R - \ln B + \frac{1}{m}\ln C - \frac{1}{m}\ln\left(\frac{\Omega}{f_L}\right) \tag{10.30}$$

等效功能函数 Z 的平均值和标准差为

$$\mu_Z = \mu_{\ln\Delta\sigma_R} - \mu_{\ln B} + \frac{1}{m}\mu_{\ln C} - \frac{1}{m}\ln\left(\frac{\Omega}{f_L}\right) \tag{10.31}$$

$$\sigma_Z = \left(\sigma_{\ln\Delta\sigma_R}^2 + \frac{1}{m^2}\sigma_{\ln C}^2 + \sigma_{\ln B}^2 \right)^{1/2} \tag{10.32}$$

其中

$$\mu_{\ln\Delta\sigma_R} = \ln\left(\frac{\mu_{\Delta\sigma_R}}{\sqrt{1+\delta_{\Delta\sigma_R}^2}} \right), \mu_{\ln C} = \ln\left(\frac{\mu_C}{\sqrt{1+\delta_C^2}} \right), \mu_{\ln B} = \ln\left(\frac{\mu_B}{\sqrt{1+\delta_B^2}} \right) \tag{10.33}$$

$$\sigma_{\ln\Delta\sigma_R}^2 = \ln(1+\delta_{\Delta\sigma_R}^2), \sigma_{\ln C}^2 = \ln(1+\delta_C^2), \sigma_{\ln B}^2 = \ln(1+\delta_B^2) \tag{10.34}$$

式中，$\mu_{\Delta\sigma_R}$，μ_B，μ_C 分别为 $\Delta\sigma_R$，B，C 的平均值；$\delta_{\Delta\sigma_R}$，δ_B，δ_C 分别为 $\Delta\sigma_R$，B，C 的变异系数。

C 和 B 的均值和变异系数分别为[127]：$\mu_C=1.0$，$\mu_B=0.7$，$\delta_C=0.3$，$\delta_B=0.17$。对于轻型码头结构，设计使用年限通常取 50a，在波浪荷载作用下对应的应力循环次数约为 2×10^8，这时在 API-X 曲线上对应的疲劳应力幅 $\Delta\sigma_R$ 的平均值 $\mu_{\Delta\sigma_R}$ 和标准差 $\delta_{\Delta\sigma_R}$ 可通过式（10.3）计算得到

$$\mu_{\Delta\sigma_R}=69.0\text{MPa} \quad \delta_{\Delta\sigma_R}=0.15$$

于是疲劳寿命的可靠指标 β 为：

$$\beta = \frac{\mu_Z}{\sigma_Z} = \frac{\mu_{\ln\Delta\sigma_R} - \mu_{\ln B} + \frac{1}{m}\mu_{\ln C} - \frac{1}{m}\ln\Omega}{\sqrt{\sigma_{\ln\Delta\sigma_R}^2 + \frac{1}{m^2}\sigma_{\ln C}^2 + \sigma_{\ln B}^2}} \tag{10.35}$$

10.5 轻型码头疲劳可靠度计算

10.5.1 工程概况

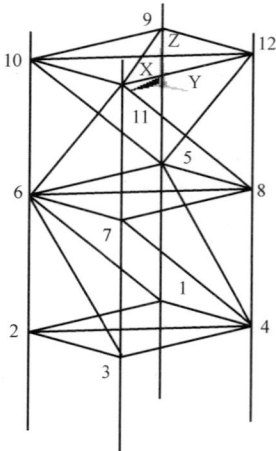

大连港新建 30 万吨级进口原油码头工程，为国内目前最大吨级的码头，码头结构形式如图 10.3 所示，各杆件具体尺寸见表 10.2。

10.5.2 海浪工况

文献［37］给出渤海海域疲劳波高的分布类型为瑞利分布，累计概率分布函数如式（10.36）所示。根据疲劳波高的概率分布函数，本文将疲劳波高分为 7 个等级，如表 10.1 所示。由于缺乏本海域波浪方向的统计数据，进行可靠度分析时，将波浪划分为三个方向，与 X 轴的夹角分别为 0°、45°和 90°，三个方向

图 10.3 靠船墩有限元模型 的出现概率分别为 30%、40%和 30%。

$$F(x)=1-\exp\left(-\frac{x^2}{2\times 0.4622}\right) \tag{10.36}$$

波高分布　　　　　　　　　　　　表 10.1

工况	1	2	3	4	5	6	7
波高(m)	0.5	1.0	1.5	2.0	2.5	3.0	3.5
工况比例(%)	23.6961	42.4049	25.1306	7.4479	1.2047	0.1099	0.0057

利用上述方法对靠船墩结构进行了疲劳可靠性分析，结果如表 10.2 所示。表中的杆件编号是利用杆件两端的节点码，节点码的编号顺序如图 10.3 所示。

节点疲劳可靠度　　　　　　　　　表 10.2

节点编号	直径(mm)	壁厚(mm)	β	节点编号	直径(mm)	壁厚(mm)	β
1-2	1300	21	7.040	5-8	900	15	7.100
1-4	900	15	3.831	5-10	1300	21	3.555
1-6	1300	21	6.173	5-12	900	15	5.656
2-1	1300	21	5.063	6-1	1300	21	5.854
2-3	900	15	3.558	6-3	1300	21	4.976
2-4	900	15	8.745	6-5	1300	21	5.209
3-2	1300	21	5.281	6-7	900	15	6.076
3-4	1300	21	5.153	6-8	900	15	4.816
3-6	1300	21	5.710	6-11	1300	21	6.298
4-1	900	15	5.700	7-4	1300	21	5.721
4-2	900	15	9.332	7-6	900	15	3.590
4-3	1300	21	7.151	7-8	1300	21	4.936
4-5	900	15	5.145	8-5	900	15	3.550
4-7	1300	21	6.214	8-6	900	15	5.137
5-4	900	15	4.250	8-7	1300	21	5.806
5-6	1300	21	6.938	8-11	1300	21	3.590

10.6　本章小结

本章采用随机过程理论对波浪荷载下轻型码头的疲劳可靠度进行了分析，计算了渤海海况下结构的疲劳可靠指标。分析表明，对于本课题的轻型码头结构，靠船墩主要管节点疲劳可靠指标的最小值为 3.55，最大值为 9.332，满足港口码头结构的安全性要求。

参考文献

［1］ 交通部水运司. 水运工程建设技术［M］. 北京：人民交通出版社，2003.

［2］ 中国土木工程学会港口工程分会. 港口工程分会技术交流文集［M］. 北京：人民交通出版社，2005.

［3］ 张志明. 大连新港新 30 万吨级进口原油码头工程可行性研究报告［R］，中交水运规划设计院，2007. 6.

［4］ 吴涛，孙树民. 深水开敞式码头结构型式的发展概况［J］. 广东造船，2001（3）.

［5］ 谢世楞. 对开敞式码头设计工作和结构型式的展望［J］. 港口工程，1987（2）：16-21.

［6］ 程泽坤，程培军. 外海开敞水域码头结构新型式［J］. 水运工程，2008（10）：35-40.

［7］ 赵石峰. 大型开敞式深水码头建设关键技术研究［D］. 大连：大连理工大学，2008.

［8］ 中交第三航务工程勘察设计院有限公司. 开敞式导管架码头结构设计与施工技术研究［R］. 上海：中交第三航务工程勘察设计院有限公司，2008.

［9］ 吴鹏，蒋俊杰等. 开敞式蝶形码头墩位平面布置的优化研究［J］. 水运工程，2006（10）：120-127.

［10］ 张宁川. 唐山 LNG 项目码头工程船舶系靠泊物理模型试验研究报告［R］. 大连：大连理工大学，2006.

［11］ Optimoor Users Guide. Oil Companies International Marine Forum［R］. Tention Technology International Ltd，2003.

［12］ 罗刚，陈怀忠. 开敞式码头最佳方位的研究［J］. 港工技术，2003（4）：12-14

［13］ 杨彩云. 开敞式油码头总平面设计中的几个问题［J］. 港工技术，2001（1）：13-15

［14］ 贡金鑫，仲伟秋，赵国藩. 工程结构可靠度基本原理的发展与应用（1）［J］. 建筑结构学报，2002，23（4）：1-10.

［15］ 贡金鑫，仲伟秋，赵国藩. 工程结构可靠度基本原理的发展与应用（2）［J］. 建筑结构学报，2002，23（5）：1-9.

［16］ 贡金鑫，仲伟秋，赵国藩. 工程结构可靠度基本原理的发展与应用（3）［J］. 建筑结构学报，2002，23（6）：1-10.

［17］ ISO/DIS2394. General reliability principles for structure.（ISO 2394：1986）［S］. 1986.

［18］ ISO/DIS2394. General reliability principles for structure.（ISO 2394：1998）

[S]. 1986.

[19] 中华人民共和国国家标准. 工程结构可靠度设计统一标准（GB50153-92）[S]. 北京：中国计划出版社，1992.

[20] 中华人民共和国国家标准. 港口工程结构可靠度设计统一标准（GB50158-92）[S]. 北京：中国计划出版社，1992.

[21] 中华人民共和国行业标准. 重力式码头设计与施工规范（JTJ 290-98）[S]. 北京：人民交通出版社，1998.

[22] 中华人民共和国行业标准. 高桩码头设计与施工规范（JTJ 291-98）[S]. 北京：人民交通出版社，1998.

[23] 中华人民共和国行业标准. 板桩码头设计与施工规范（JTJ 292-98）[S]. 北京：人民交通出版社，1998.

[24] 中华人民共和国行业标准. 港口工程桩基规范（JTJ 254-98）[S]. 北京：人民交通出版社，1998.

[25] 李荣庆. 港口工程板桩结构和桩基可靠度分析 [D]. 大连：大连理工大学，2009.

[26] 日本港湾技术协会. 日本港口设施技术标准 [S]. 北京：人民交通出版社，1983.

[27] API. Recommended Practice for Planning, Designing and Constructing Fixed Offshore Platform-Load and Resistance Factor Design, 21th Edition, API Production Department, 1993.

[28] Moses F. A Global Approach for Reliability-based Offshore Platform Codes [C]. Proc. 4th Integrity of Offshore Structure. Symp. Glasgow, London：Elsevier，1991.

[29] Theophanatos A. Adaption of API RP2A-LRFD to the Mediterranean Sea [C]. The. 24th Offshore Technology Conference, Houston，OTC 6932，1992.

[30] Turner R C. Towards the Worldwide Calibration of API RP2A-LRFD [C]. Proc. 24th OTC. Houston，513-520，1992.

[31] 中华人民共和国国家标准. 建筑结构设计统一标准（GBJ68-84）[S]. 北京：中国建筑工业出版社，1984.

[32] 中华人民共和国国家标准. 铁路工程结构可靠度设计统一标准（GB50216-94）[S]. 北京：中国计划出版社，1994.

[33] 中华人民共和国国家标准. 水利水电工程结构可靠度设计统一标准（GB50199-94）[S]. 北京：中国计划出版社，1994.

[34] 中华人民共和国国家标准. 公路工程结构可靠度设计统一标准（GB/T50283-1999）[S]. 北京：中国计划出版社，1999.

[35] 中国海洋石油天然气行业标准. 海上固定平台规划、设计和建造的推荐作法—荷载和抗力系数设计法 SY/T 1009-1996 idt API RP 2A-LRFD：1993 [S]. 北京：中国海洋石油总公司，1996.

[36] 沈照伟. 基于可靠度的海洋工程随机荷载组合及设计方法研究 [D]. 浙江：浙江大学，2004.

[37] 王欣平. 海洋环境随机荷载与平台结构可靠度分析 [D]. 哈尔滨：哈尔滨工业大学，2000.

[38] Mayer M. Die Sicherheit der Bauwerke. Berlin：Spring-Verlag，1926.

[39] Basler S E. Analysis of structural safety. Boston：ASCE Annual Convention，1960.

[40] 赵国藩，曹居易，张宽权. 工程结构可靠度 [M]. 北京：水利水电出版社，1984.

[41] Cornell C A. A probability based structural code. Journal of the American Concrete Institute，1969，66（12）：974-985.

[42] Lind N C. The design of structural design norms. Journal of Structural Mechanics，1973，1（3）：357-370.

[43] Hasofer A M，Lind N C. Exact and invariant second-moment code format. Journal of the Engineering Mechanics，1974，100（1）：111-121.

[44] 赵国藩. 工程结构可靠性理论与应用 [M]. 大连：大连理工大学出版社，1996.

[45] Wang Jianzhou. Combined modeling for electric load forecasting with adaptive particle swarm optimization. Energy，v 35，n 4，p 1671-1678，April 2010.

[46] Ditlevsen O. Principle of normal tail approximation [J]. Journal of the Engineering Mechanics，1981，100（6）：1191-1208.

[47] 林忠民. 工程结构可靠性设计与估计 [M]. 北京：人民交通出版社，1990.

[48] Turkstra C J，Madsen H O. Load combination in codified structural design. Journal of the Structural Division，1980，106（12）：2527-2543.

[49] Natarajan R，Ganaply C. Analysis of moorings of a berthed ship [J]. Marine Structures，1995（8）：481-499.

[50] Waals，Olaf J. The effect of wave directionality on low frequency motions and mooring forces，Proceedings of the International Conference on Offshore Mechanics and Arctic Engineering，v4，p289-298.

[51] JTJ 213—98 ，海港水文规范 [S]，1998.

[52] Kamath，Deepak J C. Mooring forces in horizontal interlaced moored floating pipe breakwater with three layers. Ocean Engineering，2008（35）：165-173.

[53] Xiang Yi，Tan jia-hua. Anylysis of mooring lines forces of a berthed ship [J]. Journal of Ship Mechanics，2002（6）：20-27.

[54] Xiang Yi，Tan jiahua. Mooring model experiment and lines forces calculation [J]. China Ocean Engineering，2001（1）：25-36.

[55] Wilson B W. Elastic Characteristics of Moorings，Proc. ASCE. Vol. 93 No. WW4. 1967.

[56] Schellin T E，Ostergard C. The vessel in port：mooring problems [J]. Marine Structures，1995（8）：451-479.

[57] Gaythwaite J W. Design of marine facilities for Berthing，Mooring and Repair of vessels. Van Nostrand Reinhold，New York，1990.

[58] OCMF. Prediction of wind and current loads on VLCCS [S]. 1976.

［59］ Pinkster J A. Low frequency second-order wave forces on vessels moored at sea ［A］. 11th Symposium on Naval Hydrodynamics ［C］. University College，London，1976.

［60］ 刘利琴，唐友刚，李红霞. 船舶运动的复杂动力特性在我国的研究进展 ［J］. 武汉理工大报，2006，1：183-186.

［61］ 于洋. 船舶系缆张力分析 ［J］. 大连海事大学学报，2001，27（3）：18-21.

［62］ 向溢. 码头系泊缆绳张力的蒙特卡洛算法 ［J］. 上海交通大学学报. 2001.35（4）.

［63］ 向溢. 码头系泊船舶缆绳张力的混沌解法 ［J］. 上海交通大学学报. 2001.25（1）.

［64］ 邹志利. 港口内靠码头系泊船运动的计算 ［J］. 海洋工程，1995，3：25-36.

［65］ 刘雪梅. 船舶原理 ［M］. 哈尔滨：哈尔滨工程大学出版社，2005.

［66］ 向溢. 码头智能系泊系统研究 ［D］. 上海：上海交通大学，2002.

［67］ 陈伯真，胡毓仁，顾剑民. 结构系统疲劳可靠性分析研究评述 ［J］. 力学进展，1996.

［68］ Thoft C P，Murotsu Y. Applieation of structural systems reliability theory ［R］. Berlin，Springer-Verlag，1986.

［69］ 蔚东绪. 结构可靠度分析的原理及近年研究进展 ［J］. 科技情报开发与经济，第15卷，12期，2005.

［70］ Wirsching P H. Fatigue of offshore structures ［J］. Journal of Structural Engineering，American Petroleum Institute，PRAC Project 81-15，1983.

［71］ Wirsching P H，Wu Y T. Probabilistic and statistical methods of fatigue analysis and design，Pressure Vessel and Piping Technology，A Decade of Progress，ASME，1985.

［72］ The Committee on Fatigue and Fracture Reliability of Committee on Structural Safety and Reliability of the Structural Division. Fatigue Reliability Introduction. Journal of the Structural Division，1982，108（ST1）.

［73］ The Committee on Fatigue and Fracture Reliability of Committee on Structural Safety and Reliability of the Structural Division. Fatigue reliability：Quality assurance and maintainability. Journal of Structural Division，1982，108（ST1）.

［74］ The Committee and Fracture Reliability of Committee on Structural Safety and Reliability of the Structural Division. Fatigue reliability：Variable amplitude loading. Journal of Structural Division，1982，108（ST1）.

［75］ The Committee and Fracture Reliability of Committee on Structural Safety and Reliability of the Structural Division. Fatigue reliability：Development of criteria for design. Journal of Structural Division，1982，108（ST1）.

［76］ Konishi S. Structural Safety and Reliability. Proceedings of ICOSSAR′85，1985，Kobe，Japan.

［77］ Schuller S. Structural Safety and Reliability. Proceedings of ICOSSAR′93，1993，

Texas，USA.

[78] David V R，Ahmed F H. CALIBRATION OF CURRENT FACTORS In LRFD For STEEL. Journal of Structural Engineering，1994，120（9）.

[79] Bruce R. Ellingwood. Implementing structural reliability in professional practice，Engineering Structures，2000，22，106-115.

[80] Dhirendra V，Fred M. Calibration of Bridge-Strength Evaluation Code. Journal of Structural Engineering，1989，115（6）.

[81] Michel G，Fred M. Reliability Calibration of Bridge Design Code. Journal of Structural Engineering，1986，112（4）.

[82] Bruce E，Theodore V G. Development of A Probability Based Load Criterion for American National Standard A58—Building Code Requirements for Minimum Design Loads in Buildings and Other structures. National Bureau of Standards，1980.

[83] 中华人民共和国国家标准.《公路工程结构可靠度设计统一标准》（GB/T 50283—1999）. 北京：中国计划出版社，1999.

[84] 中华人民共和国行业标准.《公路工程钢筋混凝土及预应力混凝土桥涵设计规范》（JTG D62-2004）. 北京：人民交通出版社，2004.

[85] 中华人民共和国行业标准.《公路桥涵地基与基础设计规范》（JTG D63-2007）. 北京：人民交通出版社，2007.

[86] 周益人，潘军宁. 江苏苏州太仓区武港码头船舶泊稳模型试验研究［R］. 南京：南京水利科学研究院，2004.

[87] 王凤龙. 协和石化码头船舶物理模型试验研究［R］. 大连：大连理工大学，1996.

[88] 张宁川. 大连港矿石专业码头工程 20 万吨级船舶模型试验研究［R］. 大连：大连理工大学，2003.

[89] 孙大鹏. 中油珠海物流仓储工程配套 30 万原油码头船舶模型试验研究［R］. 大连：大连理工大学，2008.

[90] 黄海龙，王登婷. 厦门东部燃气电厂取水口工程水工结构及船舶泊稳波浪物理模型试验研究［R］. 南京：南京水利科学研究院，2007.

[91] 周益人，潘军宁，李鹏. 青岛港原油码头三期工程船舶系靠泊模型试验研究［R］. 南京水利科学研究院，2005.

[92] 周益人，潘军宁. 青岛宜佳集团燃料油码头工程船舶泊稳物理模型试验研究［R］. 南京：南京水利科学研究院，2007.

[93] 潘军宁，赵晓冬. 防城港深水码头建设及航道治理关键技术研究报告［R］. 南京：南京水利科学研究院，2007.

[94] 龙驭球，包世华，匡文起. 结构力学［M］. 北京：高等教育出版社，2000.

[95] 刘德贵，费景高. FORTRAN 算法汇编［M］. 北京：国防工业出版社，1988. 341-349.

[96] Zhang Furan，Zhao Jun and Zhang Xueqin. Test Study on Current Force on Moor-

ing Ships [J]. China Ocean Engineering，1993 (2)：225-242.

[97] Duan Zhongdong, Zhou Daocheng and Ou Jinping. Calibration of LRFD Format for Steel Jacket Offshore Platform in China Offshore Area [J]. China Ocean Engineering，2006 (1)：1-14.

[98] 贡金鑫，魏巍巍. 工程结构可靠性设计原理 [M]. 北京：机械工业出版社，2007.

[99] 中华人民共和国行业标准. 海港水文规范 (JTJ 213-98) [S]. 北京：人民交通出版社，1998.

[100] 贡金鑫. 工程结构可靠度计算方法 [M]. 大连：大连理工大学出版社，2003.

[101] 邵文蛟. 不完整结构的可靠性分析 [M]. 北京：国防工业出版社，1997.

[102] 腾素珍，冯敬海. 数理统计学 [M]. 大连：大连理工大学出版社，2005.

[103] 陆文发，李林普，高道明. 近海导管架平台 [M]. 北京：海洋出版社，1992.

[104] Ueda S G, Hirano T. Statistical design of fender for berthing ship, Proc. 12th International Offshore and Polar Engineering Conference, Kitakyushu, Japan，2002.

[105] 施吉林，张宏伟，金光日. 计算机科学计算 [M]. 北京：高等教育出版社，2005.

[106] 徐士良. Fortran 常用算法程序集（第二版） [M]. 北京：清华大学出版社，1997.

[107] 丁伟农，陈中一. 某深水开敞式码头船舶荷载现场试验研究 [J]. 河海大学学报，1999, 27 (5)：21-26.

[108] Papoulis，A. Probability, Random Variables and Stochastic Processes，Xi'an：Xi'an Jiaotong University Press，2004.

[109] 陈廷国. 外海轻型码头结构计算研究 [R]. 大连理工大学，2009.

[110] Andrzej S N, Kevin R C. Reliability of Structures [M]. 重庆：重庆大学出版社，2005.

[111] 南京水利科学研究所. 关于波浪作用下码头船舶荷载问题的探讨 [J]. 水利水运学报，1976.

[112] 滕斌. 系泊船舶在横浪作用下的撞击能量 [R]. 大连：大连理工大学，2008. 10.

[113] 陈际丰，刘强，牛恩宗. 波浪作用下船舶撞击力计算参数的选择 [J]. 水运工程，2007，11：6-9.

[114] Reese L C，Hudson W R. An Investigation of the Interaction between Bored Piles and Soil [C]. Proc 7th Intern Conf on Soil Mech Found Eng. Mexico City，1969. 2：211-215.

[115] Pells P J, Turner R M. Elastic solutions for the design and analysis of rock-socketed piles [J]. Can. Geotech，1979，16：481-487.

[116] Thorne C P. The capacity of piers drilled into rock [R]. Proceeding of the International Conference on Structural Foundations On Rock. Sydney 1980 (1)：

223-233.

[117] Rowe R K，Armitage H．Theoretical solutions for axial deformation of drilled in rock [J]．Can. Geotech，1987，24（a）：114-125.

[118] Leong E C，Randolph M F．Finite element modeling of rock-socketed piles [J]．International Journal for Numerical and Analytical Methods in Geomechnics．1994 （18）：25-27.

[119] Rowe R K，Armitage H．A design method for drilled piers in soft rock [J]．Can. Geotech J．1987，24（b）：126-142.

[120] Dykeman P，Valsangkar A J．Model studies of socketed caissons in soft rock [J]．Can G J，1996（33）：747-759.

[121] Carrubba P．Skin friction of large-diameter piles socketed into rock [J]．Can Geotech J，1997，34（2）：230-240.

[122] Serrano A，Olalla C．Shaft resistance of a pile embedded in rock [J]．International Journal of Rock．2004. 1，41（1）：21-35.

[123] CECS：90．钢管混凝土结构设计与施工规程 [S]．

[124] 赵国藩，金伟良，贡金鑫. 结构可靠度理论．[M] 北京：中国建筑工业出版社，1990.

[125] 韩林海. 钢管混凝土结构．[M] 北京：科学出版社，2000. 6.

[126] 蔡绍怀. 现代钢管混凝土结构．[M] 北京：人民交通出版社，2003. 4.

[127] 胡毓仁，陈伯真. 船舶及海洋工程结构疲劳可靠性分析 [M]．北京：高等教育出版社，1998.

[128] 刘义伦. 工程构件疲劳寿命预测理论与方法. 长沙：湖南科学技术出版社，1997.

[129] 倪侃. 随机疲劳累积损伤理论研究进展. 力学进展，1999，29（1）.

[130] 俞聿修. 随机波浪及其工程应用 [M]．大连：大连理工大学出版社，2003：148-155.

[131] Kuang J G，Potvin A B．Stress concentration in tubular joints．Offshore Technological Conf．OTC2202，Houston，1975，593-612.

[132] Chang E，Dover W D．Stress concentration factor parametric equations for tubular X and DT joints．Int．J．Fatigue，1996，18（6）：363-387.

[133] Chang E，Dover W D．Prediction of stress distributions along the intersection of tubular Y and T-joints．Int．J．Fatigue，1999，21：361-381.

[134] Morgan M R，Lee M．Prediction of Stress Concentrations and Degrees of Bending in Axially Loaded Tubular K-Joints．J．Construct．Steel Res．，1998，45（1）：67-97.

[135] Morgan M R，Lee M．Stress concentration factors in tubular K-joints under in-plane moment loading．ASCE Journal of Structural Engineering，1998，124（4）：382-390.

[136] Morgan M R, Lee M. Parametric equations for distributions of stress concentration factors in tubular K-joints under out-plane moment loading. Int. J. Fatigue, 1998, 20 (6): 449-461.

[137] UEG. Design of tubular joints for offshore structures, UEG, London, 1985, 1.

[138] Fung T C, Soh C K. Stress Concentration Factors of Doubler Plate Reinforced Tubular T Joints. Journal of Structural Engineering, 2002, 128 (11).

[139] Efthymiou M. Durkin S. Stress concentration in T/Y and gap/overlap K-joints Behavior of offshore structures. The Netherlands, 1985, 429-440.

[140] Moe E T. Stress analysis and fatigue tests on overlapped K-joints. Proceeding Steel in Marine Structures. The Netherlands, 1987, 395-404.

[141] Gho, W. M. Structural behavior of completely overlap tubular joints. PhD thesis, Nanyang Technological Univ, Singapore, 2001.

[142] Dijkstra O D. Comparison of strain distribution in three X joints determined by strain gauge measurements and finite element calculations. Paper TS6. 2, Steel in Marine Structures, Paris, October, 1981.

[143] Romeijn A, Puthli R S. Guidelines on the numerical determination of stress concentration factors of tubular joints. Proc. 5th Int. Symposium on Tubular Strucures, Nottingham U K, 1993, 625-639.

[144] Healy B E, Buitrago J. Extrapolation procedures for determinng SCFs in mid-surface tubular joints models. Proc. 6t h. Int. Symposium on Tubular Structure, Melbourne, Australia, 1994, 651-659.

[145] S. M. Cheng. Anexperimentalinvestigationoftubular T-jointsundereyelie loads [J]. Journal of offshore mechanics and aretieengineering. 1999, Vol. 121: 137-143.

[146] M. R. M0rgan. New Parametric equations for stress concentration factors in tubular K-joints under balanced axial loading [J]. Inter J. of fatigue. 1997, Vol. 19 (4): 309-317.

[147] Yuan Xing-Fei, Peng Zhang-Li, Dong Shi-Lin. Load-carrying capacity of welded hollow spherical joints subject to combined planar tri-directional axial force and bending moment [J]. Zhejiang Daxue Xuebao, 2007, vol. 41 (9): 1436-1442.

[148] M. R. Morgan. Stress concentration factors in tubular K-joints under in-Plane moment loading [J]. Journal of structural engineering. April 1998, vol. 124 (4): 352-390.

[149] M. R. Morgan. Parametric equations for distributions of stress concentration factors in tubular K-joints under out of-plane loading [J]. Inter J. of fatigue. 1995, vol. Zo (6): 449-462.

[150] E. Chang, Dover W D. Prediction of degree of bending in tubular X and DT joints

[J]. International journal of fatigue，1999，vol，21（2）：147-161.

[151] Spyros A. On the fatigue design of K-joint tubular girders [J]. International Journal of Offshore and Polar Engineering. March. 2000，Vol. 10（1）：50-56.

[152] 港口工程结构可靠度设计统一标准编制组. 港口工程结构可靠度 [M]. 北京：人民交通出版社，1992.

[153] D. Bowness. Fatigue crack eurvature under the weld toe in an offshore tubular joint [J]. International Journal of Fatigue. 1999，vol. zo（6）：481-490.

[154] Wirsching P H，Light M C. Fatigue under wide-band random stresses [J]. Structural Division，ASCE，1980，16（ST7）：1593-1607.